Wolfgang Engelhardt

Okavangodelta
Naturparadies im Süden Afrikas

AF288012

Natur-Reiseführer durch eine der faszinierendsten
Landschaften im Süden Afrikas

Naturerbe Verlag Jürgen Resch

Der Autor

Prof. Dr. Wolfgang Engelhardt

wurde 1922 in München geboren. An der Ludwig-Maximilians-Universität und der - damaligen - Technischen Hochschule in München hat er Zoologie, Botanik, Geographie und Chemie studiert. 1949 wurde er mit einer ökosystemaren Arbeit bei Prof. Dr. Dr. Hans Krieg, dem ersten Präsidenten des Deutschen Naturschutzringes (DNR e.V.) promoviert. 1963 hat er sich an der Ludwig-Maximilians-Universität München habilitiert.

Vom 1.6.1967 bis zum 30.4.1991 war er Generaldirektor der Staatlichen Naturwissenschaftlichen Sammlungen Bayerns. In dieser Zeit hat er u.a. das Jura-Museum auf der Willibaldsburg in Eichstätt - als erstes einer bestimmten Landschaft gewidmetes Museum Deutschlands -, das Rieskrater-Museum in Nördlingen und das Museum „Mensch und Natur" in München gegründet.

Seit 1951 ist Prof. Engelhardt im Deutschen Naturschutzring tätig, von 1968 bis 2000 als ehrenamtlicher Präsident, heute als Ehrenpräsident. Der Deutsche Naturschutzring ist der größte Dachverband für Natur- und Umweltschutz Europas mit zur Zeit 94 Mitgliedsorganisationen und darin etwa 5,2 Millionen Einzelmitgliedern.

1972 hat Prof. Engelhardt die Konzeption des Bayerischen Staatsministeriums für Landesentwicklung und Umweltfragen entwickelt, des ersten Umweltministeriums weltweit. Er war von 1951 bis 1989 Delegierter der Bundesrepublik Deutschland bei der International Union for Conservation of Nature and Natural Resources (IUCN) in Genf, von 1978 bis 1988 Vize-Vorsitzender deren Kommission für Ökologie, die etwa 300 führende Ökologen aus 60 Staaten umfasste und 1972 in Stockholm, 1992 in Rio de Janeiro sowie 1997 in New York Mitglied der deutschen Regierungsdelegation auf den betreffenden Generalversammlungen der UN für den UNCED-Prozess. 1988 hat Prof. Engelhardt die Tropenwaldstiftung „Oro Verde" gegründet, deren Stiftungsratvorsitzender er auf Lebenszeit ist.

Er hat bereits 1954 das erste Schulbuch für Naturschutz im deutschen Sprachraum geschrieben, 1973 das Werk „Umweltschutz - Gefährdung und Schutz der natürlichen Umwelt des Menschen „(heute 6. Auflage) und den Kosmos-Naturführer „Was lebt in Tümpel, Bach und Weiher, eine Einführung in die Lehre vom Leben der Binnengewässer" (1. Auflage 1953, Gesamtauflage ungefähr 160.000 Stück).

Er ist Mitherausgeber und Mitverfasser aller großen deutschen Handbücher für Landschaftspflege, Natur- und Umweltschutz und weiterer Werke.

Wegen seiner Verdienste um den Natur- und Umweltschutz hat er neben zahlreichen in- und ausländischen Ehrungen 1999 das Große Bundesverdienstkreuz mit Stern und Schulterband des Verdienstordens der Bundesrepublik Deutschland erhalten.

für Hannah

Vorwort

Afrika südlich der Sahara ist der Subkontinent der Erde mit der reichsten Vielfalt der Landschaften: Von eisbedeckten Berggipfeln und tropischen Urwäldern über Savannen, Steppen und Wüsten bis zu riesigen Seen, reißenden Flüssen, ausgedehnten Sümpfen und vom Meer umbrandeten Küsten.

Afrika südlich der Sahara ist aber auch der Subkontinent mit der artenreichsten Tierwelt aller Erdteile. Die alljährliche Wanderung Hunderttausender Gnus und Zebras in der Serengeti ist ein einmaliges Ereignis auf unserem Planeten.

Jeder Naturfreund, der auch nur einmal die Wildnis Afrikas während einiger Wochen erlebt hat, wird immer von einer Wiederkehr träumen.

Leider haben jedoch in vielen Teilen Afrikas während der letzten Jahrzehnte recht ungünstige, ja gefährliche Entwicklungen stattgefunden: Jahre- bzw. jahrzehntelange Bürgerkriege, hohe Kriminalität, leer gewilderte, einst herrliche Nationalparke schränken die Auswahl der afrikanischen Reiseziele beträchtlich ein.

Botswana im südlichen Afrika ist eine rühmliche Ausnahme: Politisch und wirtschaftlich stabil, sicher und reich an unberührter Natur. Botswana hat zahlreiche Schutzgebiete, die einen Besuch lohnen, z.B. das Wildschutzgebiet der Zentralkalahari. Das Juwel unter den Schutzgebieten Botswanas, ja ganz Afrikas, ist aber zweifellos das Okavango-Delta.

Nirgends sonst auf der Erde versikkert ein mächtiger Fluss in einem riesigen Binnendelta, ohne das Meer zu erreichen. Und dieses Delta, mit rund 15.000 km^2 Fläche, fast so groß wie der Regierungsbezirk Oberbayern, ist ein Paradies der afrikanischen Tierwelt.

Über Botswana sind mehrere Reiseführer auf dem Markt.

Aus den oben genannten Gründen beschränken wir uns auf das Okavango-Delta. Im allgemeinen Text informieren wir darüber, was der Besucher vor und während der Reise unbedingt wissen sollte. Auf 106 Farbbildern stellen wir die Landschaften des Deltas und die meisten Tierarten, die der Besucher beobachten kann, in Ausschnitten ihrer Lebensräume, begleitet von fachlichen Erläuterungen vor.

Wir wünschen, dass unser Naturführer recht vielen Naturfreunden ein zuverlässiger Begleiter bei ihrem Besuch des Okavango-Deltas sein möge. Wer das urtümliche Afrika kennen lernen möchte, der muss das Okavango-Delta erleben.

Prof. Dr. Wolfgang Engelhardt

Jürgen Resch

Inhalt

Botswana –
Land und Leute

Botswana ist ein Binnenland im südlichen Afrika beiderseits des Wendekreises des Steinbocks. Mit einer Fläche von 581.730 km^2 ist es 300 km^2 kleiner als Frankreich und Belgien zusammen. Im Westen und Norden (Caprivistreifen) grenzt Botswana an Namibia, im Osten an Zimbabwe und im Süden – entlang der Flüsse Molopo und Limpopo – an die Republik Südafrika. Im Vierländereck im Nordosten, wo Botswana, Namibia, Zimbabwe und Sambia zusammenstoßen, hat Botswana entlang des Sambesi auch noch mit Sambia eine gemeinsame Grenze von ein paar hundert Metern.

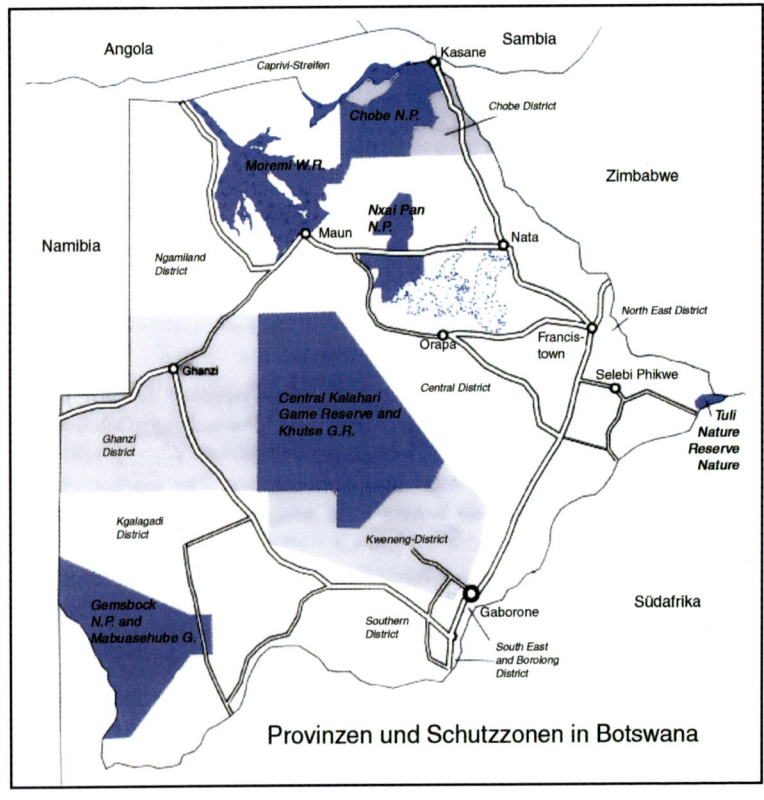

Provinzen und Schutzzonen in Botswana

Oben: Die Hererofrauen erkennt man an ihrer farbenfrohen Kleidung und besonders an ihrem quergestellten Hut.

Aus:Christof Lübbert, Botswana, Bielefeld 2000

Abbildung links: Fast ein Fünftel der Landesfläche Botswanas sind als Nationalparke und Wildschutzgebiete (auf der Karte blau) ausgewiesen. Sh. S. 14.

Die Oberfläche Botswanas ist im Wesentlichen ein auf lange Entfernungen fast ebenes, im Übrigen leicht gewelltes Plateau in Meereshöhen zwischen 800 und 1.100 m.

Die höchste Erhebung – 1.491 m – liegt in den Otse Mountains bei Lobatse (südlich der Hauptstadt Gabarone), der tiefste Punkt – 513 m – am Zusammenfluss von Shashe und Limpopo im Tuli Naturschutzgebiet.

Über 85 Prozent Botswanas werden von der Kalahari eingenommen, einer Halbwüste mit meist savannenartigem Charakter, ohne jedes Oberflächengewässer. Es handelt sich um ein riesiges Sandbecken, in dem die Sandschichten allerdings sehr unterschiedlich mächtig sind, zwischen 5 und 200 m.

In der südlichen und südwestlichen Kalahari – zur Grenze nach Namibia hin – erreichen Sanddünen 12 m Höhe. Im nördlichen Teil, etwa zwischen den Städten Francistown und Maun erstrecken sich die riesigen Makgudikgadi-Salzpfannen. Sie bilden den Grund eines heute ausgetrockneten Binnensees, der vor etwa 20.000 Jahren eine Fläche von 60.000 bis 80.000 km^2 bedeckt hat (zum Vergleich: Bodensee 538 km^2).

Da zwei Drittel von Botswana nördlich des Wendekreises des Steinbocks liegen, ist sein Klima subtropisch bzw. tropisch. Dadurch, dass die Verdunstung die Niederschläge übertrifft, handelt es sich – wissenschaftlich ausgedrückt – um ein typisch arides Klima. Auf der

Südhalbkugel sind die Jahreszeiten gegenüber europäischen Verhältnissen vertauscht: Der Sommer dauert von Ende September bis Ende April. In dieser Zeit fallen die meisten Niederschläge, meist in Form kurzer, heftiger Schauer. Die an Niederschlägen reichsten Monate sind der November und Dezember. Nach dieser "Regenzeit" folgt ein wenig ausgeprägter "Frühling" und danach die winterliche Trockenzeit.

Botswana hat heute (2002) etwa 1,6 Mio. Einwohner, so dass nach dem statistischen Mittelwert drei Einwohner auf den Quadratkilometer entfallen. Das ist jedoch ein trügerischer Eindruck, denn in großen Teilen des Landes gibt es – mangels Wasser – überhaupt keine Dauersiedlungen. 49 Prozent der Bevölkerung leben in den Städten, in der Hauptstadt Gabarone allein 193.000 (Schätzung 1998). Der größte Teil der ländlichen Bevölkerung lebt in einem relativ schmalen Streifen im Osten und Süden des Landes.

In Botswana leben verschiedene ethnische Stämme. Der volksreichste Stamm ist der zu den Bantu gehörende Tswana-Stamm. Diese Tswana sind schon im 16. Jahrhundert aus Südafrika eingewandert. Dem Stamm werden 60 Prozent der Gesamtbevölkerung zugerechnet.

Ein wichtiger Volksteil sind die Herero. Sie sind in den Jahren 1904/1905 aus dem damaligen Deutsch-Südwestafrika, dem heutigen Namibia, geflüchtet. Die Herero hatten sich gegen die Kolonialmacht erhoben, waren aber in der Schlacht am Watersberg vernichtend bezwungen worden. Auf der Flucht in die Wüste des seinerzeitigen britischen Protektorats Bechuanaland sind sehr viele verdurstet. Die Nachkommen der überlebenden Herero siedeln heute u.a. in Maun, im Tal des meist wasserlosen Boteti und in der Umgebung des Ngami-Sees.

Die Hererofrauen fallen auch heute noch durch ihre Tracht auf, die aus sehr farbigen Stoffen geschneidert ist. Zu dieser Bekleidung gehört ein länglicher, auf dem Kopf quergestellter Hut. Diese Tracht viktorianischen Stils wird auf die deutsche Missionarsehefrau Emma Hahn zurückgeführt, die während der deutschen Kolonialzeit in Südwestafrika vielen Hererofrauen das Nähen gelehrt hat.

Die Ureinwohner der Kalahari, und damit des größten Teils des heutigen Botswana, sind die San (Buschmänner, Buschleute). Ursprünglich ein Volk der Jäger und Sammler, die sich ihrem Lebensraum, der Halbwüste, hervorragend angepasst hatten, sind heute dem Aussterben nahe. Es soll zwar in Namibia und Botswana zusammen noch ungefähr 60 000 Buschmänner geben. Die meisten leben jedoch in äußerster Armut, ihrer Tradition entwurzelt und auf staatliche Hilfe angewiesen. Auch aus dem riesigen, 52.000 km^2 großen Central Kalahari Game Reserve wurden bzw. werden die letzten San-Familien ausgesiedelt. Die Regierung hat die Lieferung von Trinkwasser in Tankwagen eingestellt und für die San-Familien Siedlungen mit sanitären Einrichtungen und Schulen außerhalb des Schutzgebietes aufgebaut.

Die bei weitem größte Gefahr für die Bevölkerung Botswanas ist schon seit Jahren die rasch um sich greifende AIDS-Epidemie. Während der Erste an AIDS Erkrankte in Botswana angeblich erst 1985 festgestellt wurde, waren im Jahr 2002 nach offiziellen Angaben der Regierung bereits 38 Prozent der Bevölkerung mit dem HIV-Virus infiziert. Das bedeutet Weltspitze. Dementsprechend die Lebenserwartung der Einwohner Botswanas, die 1991 noch 63 Jahre betrug, in 2002 auf 30 Jahre gesunken und wird bis zum Jahre 2010 auf 26,7 Jahre zurückgehen. Besonders betroffen sind die 15- bis 30-Jährigen und die Kinder, die schon im Mutterleib oder beim Stillen infiziert worden sind. Sie sterben nach einem kurzen qualvollen Leben. 71 Prozent der Todesfälle von Kindern unter

Klimadaten Maun

Monat	Temperatur in °C		Niederschlag in mm		Mittlere Luftfeuchtig-keit in %		Klima-belastung	Mittl. tägl. Sonnen-scheindauer in h
	mittleres tägliches Maximum nachmitt.	mittleres tägliches Minimum morgens	mittlere Monats-menge	mittlere Anzahl der Tage mit Niederschl.	relative Feuchtigkeit morgens	relative Feuchtigkeit nachmittags	0: behaglich 1: teilweise schwül 2: schwül	
Januar	32,0	19,0	110	12	74	46	2	7,9
Februar	32,0	18,5	104	11	74	45	2	7,4
März	31,0	17,5	83	9	76	45	2	8,3
April	30,5	9,5	25	4	70	34	1	9,4
Mai	28,0	5,0	5	1	69	28	0	10,0
Juni	25,0	5,5	1	1	71	27	0	10,0
Juli	25,0	5,5	0	0	65	25	0	10,1
August	28,5	8,5	0	0	56	22	0	10,7
September	32,5	13,0	1	1	47	19	0	10,5
Oktober	35,0	17,5	16	3	49	22	1	9,4
November	34,0	19,0	46	7	57	29	2	8,8
Dezember	32,5	19,5	80	10	66	37	2	6,9
Januar - Dezember	30,5	14,0	471	59	65	32	-	9,1/3322

Aus:Iwanowski,M., Botswana, Reisehandbuch, Dormagen 2002.

Abbildung oben: Juni und September sind die klimatisch günstigsten Monate für eine Safari in Botswana.

fünf Jahren sind auf HIV-AIDS zurückzuführen. Höchst bedauernswert ist auch das Leben der Waisen, deren beide Eltern von AIDS hingerafft worden sind. Obwohl die Gesamtfruchtbarkeitsrate (durchschnittliche Kinderzahl der Frauen zwischen 15 und 49 Jahren) noch immer bei 3,9 liegt, wird aufgrund der HIV-Panepidemie die Bevölkerung Botswanas bis zum Jahr 2025 um etwa 400.000, also 25 Prozent, zurückgehen. Da gerade ein großer Teil der für die wirtschaftliche und gesellschaftliche Entwicklung des Landes besonders wichtigen jüngeren Generation speziell betroffen ist, sind die gesamtpolitischen Folgen absehbar. Der Verlust an landwirtschaftlichen Arbeitskräften wird z. B. bis zum Jahr 2020 auf 23 Prozent geschätzt.

Der Tourist, der sich entsprechend den allgemein bekannten Regeln verhält, braucht jedoch nichts zu befürchten.

In politischer Hinsicht gilt Botswana - zu Recht – als das Musterland unter den Staaten Afrikas südlich der Sahara. Es ist sicherlich das politisch stabilste.

Schon die Entlassung in die Unabhängigkeit durch Großbritannien am 30.September 1966 und damit die Gründung der "Republik Botswana", die Mitglied des Commonwealth ist, ist völlig gewaltlos erfolgt. Botswana ist eine Präsidiale Republik. Der Präsident (Staatsoberhaupt) ernennt den Vizepräsidenten und die 15 Minister seines Kabinetts. Der erste Präsident, Sir Seretse Khama, ein Häuptlingssohn (Regierungszeit 1966 – 1980) war übrigens mit der Engländerin Ruth Williams verheiratet, die er während seiner juristischen Studienzeit in England kennen gelernt hatte. Diese Ehe mit einer weißen Frau hat während einiger Jahre zu innenpolitischen Schwierigkeiten hinsichtlich seiner Kandidatur zum

Staatspräsidenten geführt. Das Apartheidsystem in Südafrika war nach unseren Kenntnissen wohl hieran nicht ganz unbeteiligt.

Die Nationalversammlung (Parlament) hat 40 Abgeordnete, die alle fünf Jahre vom Volk gewählt werden. Im "House of Chiefs" sitzen 15 Häuptlinge und andere Stammesvertreter, die in wichtigen politischen Fragen eine beratende Funktion innehaben.

Die Amtssprache Botswanas ist Englisch. Alle maßgeblichen Zeitungen erscheinen in dieser Sprache. Ab der vierten Grundschulklasse wird auch in Englisch unterrichtet. Die wichtigste Umgangssprache der Bevölkerung ist "Setswana", eine Bantusprache, die von etwa 90 Prozent der Bevölkerung gesprochen und zumindest verstanden wird.

Die Landeswährung heißt Pula. Die ursprüngliche Bedeutung dieses Wortes ist Regen. Es wird aber auch als Grußwort gebraucht und könnte dann etwa mit "Möge es uns gut gehen" übersetzt werden.

Werfen wir noch einen Blick auf die Flagge und das Staatswappen Botswanas, da sie beide Symbolcharakter für das Land haben.

Die Flagge: Das rechteckige Tuch ist hellblau, ein Hinweis auf die entscheidende Bedeutung des Wassers für Botswana. In seiner Mitte wird das blaue Rechteck von einem breiten schwarzen Balken durchquert, der oben und unten von je einem schmalen weißen Streifen gesäumt ist. Der breite schwarze und die schmalen weißen Streifen symbolisieren die Bevölkerung Botswanas und das friedliche Zusammenleben der schwarzen Mehrheit und der weißen Minderheit.

Das Staatswappen: Im mittleren ovalen Schild veranschaulichen drei Zahnräder den Bergbau und die industrielle Entwicklung. Darunter weisen drei parallele Wellenlinien auf die überragende Bedeutung des Wassers in dem ariden Land hin.

Der im unteren Drittel des Schildes abgebildete Rinderkopf kennzeichnet die Bedeutung der Viehzucht. Das Schild wird beiderseits von je einem auf den Hinterbeinen stehenden Zebra gehalten. Das linke Zebra hält zwischen den Vorderbeinen einen Elefantenstoßzahn, das rechte einen Hirsekolben, Symbole für den Wildreichtum bzw. den Ackerbau. Unter dem Wappen trägt ein Spruchband die Aufschrift „Pula". Dies steht für die Landeswährung, die lebenswichtigen Niederschläge und den offiziellen Begrüßungswunsch.

Schulbildung

Es besteht keine Schulpflicht, aber die Kinder können ab dem sechsten Lebensjahr eine der rund 600 siebenklassigen kostenlosen Grundschulen besuchen. Daran schließen sich fünfklassige Mittelschulen an. In Gabarone gibt es eine Universität, die im Jahre 1999 von etwa 4000 Studierenden besucht worden ist (Hape 1999). Die Alphabetisierungsquote liegt bei 74,4 Prozent. Diese Quote ist für Entwicklungsländer ein beachtlicher Wert.

Die Flagge Botswanas symbolisiert durch den mittleren Querbalken das friedliche Zusammenleben der schwarzen Bevölkerungsmehrheit mit der weißen Minderheit.

Das Staatswappen Botswanas veranschaulicht die wichtigsten Wirtschaftszweige des Landes, seinen Wildreichtum und die überragende Bedeutung der Niederschläge.

Kriminalität

Botswana gilt heute unter Afrikakennern als das sicherste Land südlich der Sahara und nach unseren Erfahrungen zu Recht. In den Städten sollte man trotzdem die üblichen Vorsichtsmaßnahmen nicht außer Acht lassen: Also keine Wertgegenstände mitführen, Fotoapparate und dergleichen am Körper tragen und den Wagen nicht unbeaufsichtigt parken. In den Hotels und Lodges ist es ratsam, Reisepapiere und größere Geldmengen in Safes einschließen zu lassen.

Die Haupteinnahmen Botswanas (etwa 60 Prozent) stammen heute aus dem Export von Schmuck- und Industriediamanten. An zweiter Stelle steht der Tourismus und an letzter Stelle die Einnahmen aus dem Fleischexport (3 bis 4 Prozent).

Bei der Staatsgründung galt Botswana als das Armenhaus des afrikanischen Subkontinents. Das hat sich rasant geändert, als 1967 Prospektoren des weltgrößten Diamantenunternehmens De Beers (Südafrika) in der Kalahari reiche Diamantenvorkommen entdeckt hatten. Die Regierung von Botswana und die Firma De Beers gründeten das Gemeinschaftsunternehmen (joint venture) Debswana. 1972 konnte die Mine in Orapa, 1977 diejenige in Lethakane und 1982 die Mine in Iwanseng in Betrieb genommen werden. Heute zählt Botswana neben Australien und der Demokratischen Republik Kongo zu den größten Diamantenerzeugerländern der Erde. Die in Orapa geförderten Diamanten haben zu etwa 15 Prozent die Qualität von Schmuck- und zu 85 Prozent die Qualität von Industriediamanten. Übrigens ist die Besichtigung der Minen nur mit Sondergenehmigung möglich. Diese Genehmigung muss im Debswanahaus in Gabarone beantragt werden und ist nicht so leicht zu erhalten.

Wegen der schlechten, sandigen Böden, den unzureichenden Niederschlägen, sowie kaum entwickelten künstlichen

Bewässerungsanlagen und den häufigen, oft monatelangen Dürreperioden spielt der Ackerbau nur eine geringe Rolle. Etwa ein Drittel aller Bauern besitzt nur drei Hektar oder weniger Land, während mindestens zehn Hektar Land für die Selbstversorgung der Familie des Bauern nötig wären. Botswana muss deshalb große Mengen von Lebensmitteln aus Südafrika einführen. Angebaut werden Mais, Hirse, Sorghum, Bohnen, Erbsen, Erdnüsse, Melonen und Kürbissorten.

Dagegen ist Botswana ein typisches Land der Viehzucht. In Zeiten mit einigermaßen ausreichenden Niederschlägen wird die Zahl der Rinder auf drei Millionen geschätzt, von denen jährlich etwa 200.000 in hochmodernen Schlachthöfen – übrigens nach sehr gründlicher veterinärärztlicher Kontrolle – geschlachtet werden. Das Fleisch wird u.a. auch in die EU ausgeführt. Nach dem Lome-Abkommen erhält Botswana dafür das Vierfache des jeweiligen Weltmarktpreises. In vielen Landesteilen sind große Teile der Weideflächen längst überweidet, besonders in der Umgebung der Tränken, die durch Tiefbrunnen aus dem Grundwasser gespeist werden. Hier herrscht oft weithin schlimmste Bodenerosion. Je nach Gegend benötigt ein Rind in Botswana im Jahr bis zu 20 Hektar Weidefläche zum Überleben.

Für viele Botswaner hat die Rinderhaltung auch heute noch Symbolcharakter. Je mehr Rinder ein Züchter besitzt, desto höher sein Ansehen. Auch der Brautpreis, den der Bräutigam dem Brautvater zu entrichten hat, wird in Rindern bezahlt. Dabei spielt heute die Schulbildung und die bisherige Tätigkeit des Mädchens eine entscheidende Rolle.

Zu den Rindern kommen noch zwei Millionen Ziegen und etwa 250.000 Schafe. Dieses Kleinvieh dient aber fast ausschließlich der Selbstversorgung ihrer Besitzer und spielt daher für den Export keine Rolle.

Rechts: In den Savannen sind Giraffen häufig. Hier eine Gruppe weiblicher Tiere. Das Netzwerk ihrer Fellzeichnung ist individuell: Es unterscheidet sich von Tier zu Tier.

Unten: Teilansicht des Deltas vom Flugzeug aus.

Naturschutz

Rund 18 Prozent der Landesfläche Botswanas stehen als Nationalparke und Wildschutzgebiete unter strengem Naturschutz. Dazu kommen noch zahlreiche kleinere staatliche und private Schutzgebiete, außerdem die staatlichen "Wildlife Management Areas". Alles in allem sind nahezu 40 Prozent der Landesfläche für Zwecke des Naturschutzes ausgewiesen. Das ist globaler Spitzenwert.

Die Schutzgebiete werden vom "Department of Wildlife and National Parks" (DWNP) in Gabarone verwaltet.

Ein wirklich schwerwiegendes Problem sind die sogenannten veterinärmedizinischen Sperrzäune "Veterinary Cordon Fences" (abgekürzt "Vet Fences") oder auch "Buffalo Cordon Fences" genannt. Da man annimmt, dass

Oben: In der baumlosen Steppe bilden Horste 3 m hoher Gräser eindrucksvolle Bilder.

Links: Eine Herde Kaffernbüffel beobachtet das Nahen eines Safari-wagens. Sh. auch S. 56.

Büffel und Gnus zwar selbst immun gegen Maul- und Klauenseuche sowie die Rinderpleuropneumonie seien, sie die Erreger dieser Krankheiten aber auf Hausrinder übertragen könnten – was allerdings bis heute wissenschaftlich nicht einwandfrei bewiesen ist – hat man diese Sperrzäune errichtet.Mit ihnen sollen Weidegebiete von Wild- und Haustieren getrennt werden. Die Sperrzäune sind etwa 1,5 Meter hoch und bestehen meistens aus zwei parallel verlaufenden Zäunen. Besonders in Dürrejahren haben sich diese Zäune verheerend für Wildtiere ausgewirkt. Sie haben den Wildtieren die Wanderwege zu Wasserstellen im Okavangodelta, aber auch zu frischem Weideland abgesperrt. Allein während der Dürrejahre 1979/1980 sollen 250.000 Gnus und anderes Wild an den Zäunen verdurstet sein, hauptsächlich am Kuke Fence, der entlang der Nordgrenze des Central Kalahari Game Reserve errichtet worden war. Aber auch abgesehen vom Tod durch Verdursten sterben viele Wildtiere an den Zäunen, da sie sich in ihnen verfangen und strangulieren. Es wird geschätzt, dass während der letzten drei Jahrzehnte etwa 1,2 Mio. Wildtiere an den Sperrzäunen elendiglich verendet sind – eine schwere Belastung für das Image Botswanas als führendes Naturschutzland Afrikas. Insgesamt sind die Tiersperrzäune zur Zeit etwa 3.000 km lang.

Das hat auch zu einem zunehmenden Widerstand im Land selbst geführt, besonders getragen von den heimischen Naturschutzorganisationen und den Safari-Unternehmen. Die Veterinärbehörde sucht zur Zeit nach Möglichkeiten, die verderblichen Folgen der Sperrzäune zu mildern. Sie versucht dies durch die Öffnung der Zäune in bestimmten Abschnitten. Man muss abwarten, ob es zum Erfolg führt.

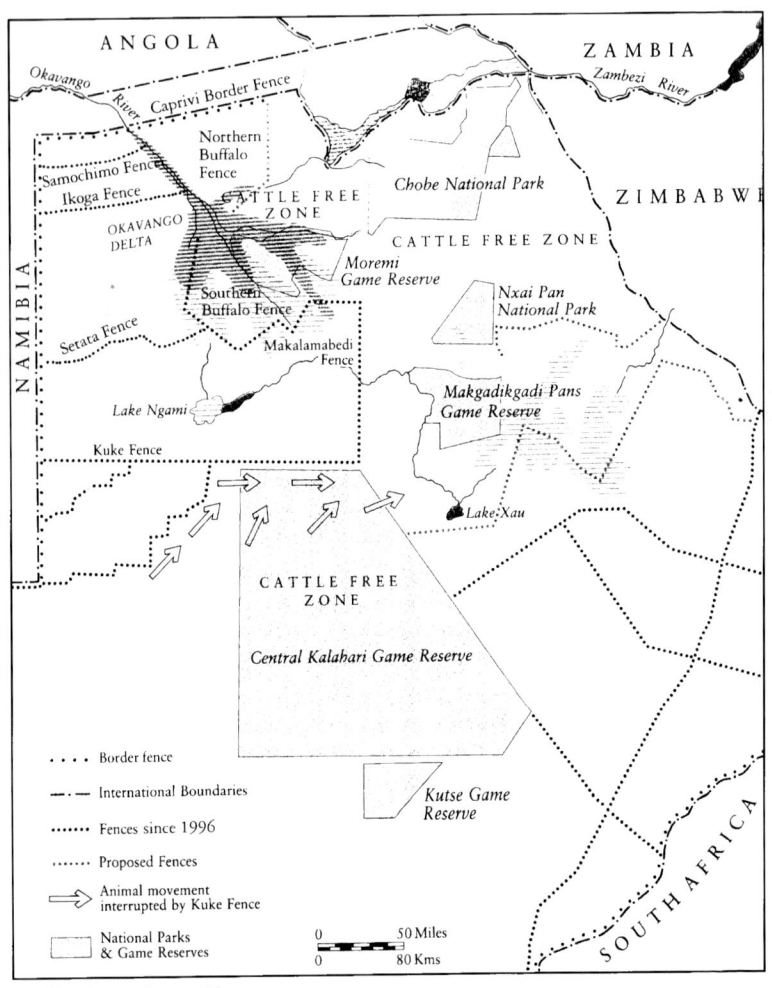

Quelle: Karen Ross, Okavango –
Jewel of the Kalahari

Abbildung oben: Die sogenannten
veterinär-medizinischen Sperrzäune (auf
der Karte ....) sind das größte Problem
für die Wildtiere Botswanas.

Rechts: Impala-Rudel.

Andererseits haben die Sperrzäune aber auch eine positive Wirkung für den Naturschutz: Sie verhindern das Vordringen von Rinderherden in die Schutzgebiete.

Die Wilderei, die in den meisten Nationalparken der afrikanischen, südasiatischen und südamerikanischen Staaten eine so verderbliche Rolle spielt, ist in den Schutzgebieten Botswanas nicht gravierend. Erkennbar ist dies sofort am Fluchtverhalten des Wildes. Äst es auch in großer Nähe zum Safariwagen ruhig weiter, wird es in dem betreffenden Gebiet offensichtlich nicht bejagt.

Nationalparke und Naturschutzgebiete in Botswana

Die Zufahrt von Maun erfolgt anfangs auf einer asphaltierten Straße, die später in eine Sandpiste übergeht. Das Gebiet ist mit einem Allradgeländewagen erreichbar, erheblich angenehmer ist jedoch die Anreise mit dem Buschflugzeug vom Flughafen Maun.

Die vier **Campingplätze** sind alle mit Sanitäreinrichtungen und fließend Wasser versehen.

- Maqwee (Nähe Südeingang): sieben Stellplätze.
- Khwai (Nähe Nordeingang): sieben Stellplätze.
- Xakanaxa (nördliches Okavangodelta): sieben Stellplätze.
- Third Bridge (Zentrum des Reservats): sieben Stellplätze.

Außerdem stehen den Besuchern mehrere **Lodges** zur Verfügung.

Die beste Besuchszeit sind die Monate Mai bis Mitte September. Die Nächte sind sehr kühl. Hier ist mit Temperaturen von nur wenigen Grad Celsius über dem Gefrierpunkt zu rechnen. Die Tagestemperaturen liegen zwischen 20 und 25°C. Im Oktober hingegen ist es sehr heiß und die Regenzeit beginnt im November.

Den Besucher erwartet eine besonders reiche Fauna mit zahlreichen Beobachtungsmöglichkeiten.

Rechts: Der Ellipsenwasserbock hält sich vorwiegend im Uferbereich der Gewässer auf.

Unten: Das Moremi-Wildschutzgebiet liegt im Nordwesten des Deltas.

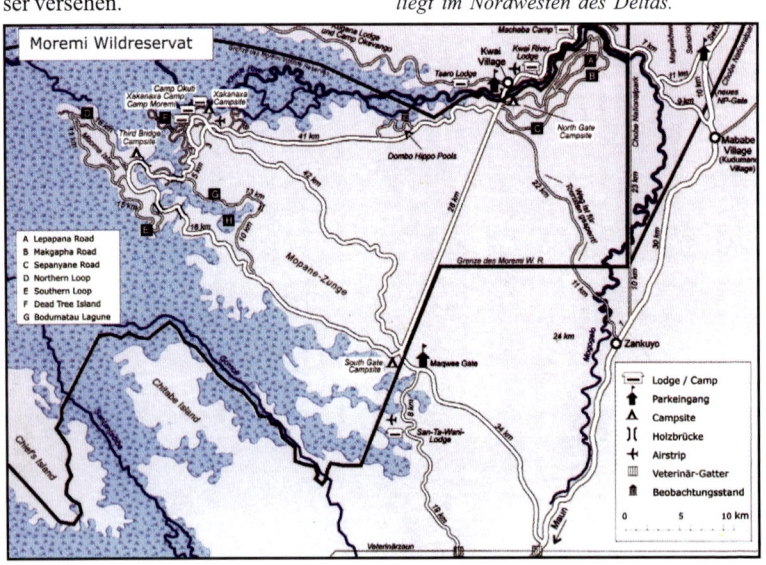

Fläche: 10.566 km^2
Lage: im äußersten NW Botswanas
Übernachtung: 3 Campingplätze,
mehrere Lodges

Die Zufahrt kann von Maun – oder besser von Kasane – aus mit einem Geländewagen sein. Besser geeignet ist jedoch das Buschflugzeug von Maun oder von Kasane.

Die drei **Campingplätze** sind sehr unterschiedlich hinsichtlich ihrer Ausstattung:

• Serondela, am Ufer des Chobe, befindet sich etwa 30 km westlich von Kasane. Dem Besucher stehen zehn Stellplätze und gute Sanitäreinrichtungen zur Verfügung
Derzeit wird ein neuer Campingplatz mit gleicher Kapazität, etwas weiter westlich von Serondela bei Ihaha gebaut. Nach seiner Fertigstellung soll der alte geschlossen werden.

• Savute wurde von Elefanten so weitgehend zerstört, dass er geschlossen werden musste. Zur Zeit besteht ein vorläufiger Platz mit zehn Stellmöglichkeiten, der jedoch nur einfache Sanitäreinrichtungen aufweist.

• Linyanti liegt an der äußersten NW-Ecke des Nationalparks im Norden von Savute. Neben drei Stellplätzen befinden sich freistehende Wasserhähne, Duschen und WC's.

Es gibt mehrere Lodges im Nationalpark, darunter die sehr empfehlenswerten **Savuti Elefant Lodge** und die neue **Savuti Safari Lodge**.

Der Chobe-Natinalpark besteht aus vier verschiedenen Landschaften: Dem Uferbereich des Chobe mit einem Teakholz-Galeriewald, dem Savute Sumpf- und Mopanegebiet, dem Linyanti-Sumpfgebiet im Nordwesten und dem Savannenteil im Südosten.

Das Gebiet hat mit rund 100.000 Tieren das größte Elefantenvorkommen Afrikas.

Rechts: Elefantenbulle.

Unten: Karte des Chobe Nationalparks.

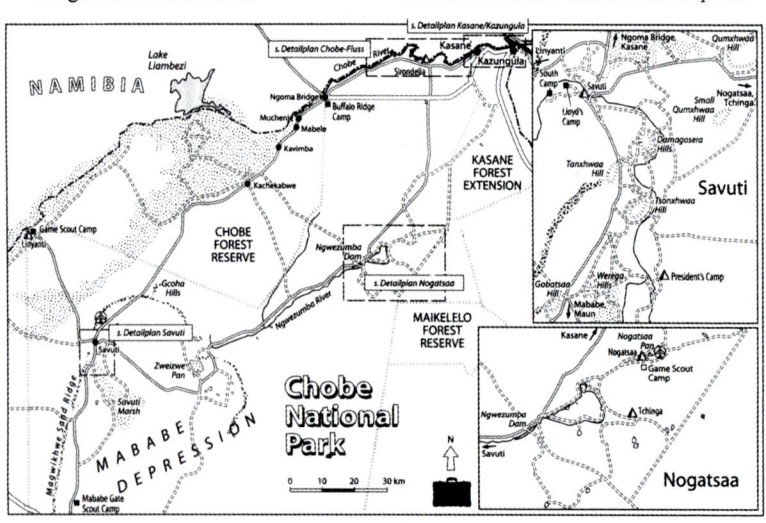

Zentral Kalahari Wildreservat

Fläche: 52.000 km^2
Lage: im Zentrum Botswanas
Übernachtung: 10 Campingplätze, eine Lodge am Nordrand des Reservates

Das Zentral Kalahari Wildreservat ist das drittgrößte Wildnisgebiet der Erde. Charakteristisch für diese Landschaft in Zentral-Botswana ist eine Savannensteppe mit niedriger Vegetation.
Die Anreise empfiehlt sich von Francistown (Flughafen) über Orapa und Rakops oder von Gaborone (Flughafen). Über Letlhakeng gelangt man in das Gebiet mit dem Pkw. Im Reservat selbst ist ein Allradgeländewagen unbedingt erforderlich. Die beste Besuchszeit ist von Dezember bis April.

Unten: Kronenkraniche.

Rechts: Gepard, vgl. S. 67

Als Unterkunft gibt es seit zwei Jahren die nahe dem Nordrand des Reservats gelegene und sehr empfehlenswerte **Deception Valley Lodge,** die für maximal 10 Gäste eingerichtet ist.
Darüberhinaus stehen zehn demarkierte **Campingplätze** zur Verfügung, die aber weder Wasser noch WC's und auch keine Erdlatrinen haben. Letztere müssen von den Besuchern selbst gegraben werden.
- Kukama: ein Stellplatz.
- Deception 1: zwei Stellplätze.
- Deception 2: vier Stellplätze.
- Kori: sechs Stellplätze.
- Lekhubu mit einem Stellplatz.
- Letiahau mit einem Stellplatz.
- Sunday Pan mit drei Stellplätzen.
- Lengau mit einem Stellplatz.
- Piper Pan mit einem Stellplatz.
- Hade mit zwei Stellplätzen.

Als Besonderheiten der Fauna erwarten den Naturfreund Oryx-Antilope (Spießbock), Wildhund und Braune Hyäne. Elefanten halten sich hier nicht auf.

Der Spieß- oder Gemsbock-Nationalpark

Fläche: 28.105 km^2
Lage: im SW Botswanas
Übernachtung: 7 Campingplätze

Die Landschaft in diesem Nationalpark zeigt sich als Halbwüste, gebietsweise mit steppenartigen Zügen. Im Süden gibt es hohe Sanddünen.

Der Spießbock-Nationalpark ist ein sogenannter Peace-Park, der sich über die politische Grenze – das ausgetrocknete Tal des Nossob – in den Kalahari Gemsbock Nationalpark in der Republik Südafrika fortsetzt und seit 1995 von den zuständigen Behörden beider Staaten gemeinsam verwaltet wird.

Die Zufahrt ist am besten von Gaborone (Flughafen) entweder von Norden her über Kanye, Sekoma, Kang, Luhututu und Tshane oder von Süden über Kanye, Sekoma, Werda und Tsabong erreichbar.

Es befinden sich **keine Lodges** im Park. Dafür gibt es aber sieben **Campingplätze**, aber alle ohne Sanitäranlagen, höchstens mit Latrinen.

- Two Rivers Camping-Platz, in der Nähe des südlichen Eingangs, drei Stellplätze.
- Rooiputs, im Nossobtal, etwa 25 km vom Südeingang entfernt, sechs Stellplätze.
- Poletswa, im nördlichen Teil des Nossobtales, drei Stellplätze.

Im Mabuasehnbegebiet (Airstrip) – im äußersten Osten des Nationalparks – gibt es vier **Campingplätze**:

- Mabuasehube Pan mit vier Stellplätzen, Latrine und kleinem Wasserloch.
- Mpaathuthwa Pan mit zwei Stellplätzen, Latrine und Blick auf kleines Wasserloch.
- Khiding Pan mit zwei Stellplätzen, Latrine.
- Lesholoago Pan mit einem Stellplatz mit Latrine, ein weiterer Stellplatz ohne Latrine. Kleines Wasserloch.

Als besonderes Wild können beobachtet werden: Südafrikanische Kuhantilope (Kaama), Spießbock, (Oryx), Springbock. Guter Bestand von Beutegreifern (Löwen, Leoparden, Geparden, Hyänen).

Das Khama Nashorn-Schutzgebiet

Fläche: 43 km^2
Lage: 250 km NO von Gaborone an der Straße Serowe-Orapa
Übernachtung: Campingplätze

Das Schutzgebiet ist ein idealer Lebensraum für Nashörner: Steppe mit Wasserstellen. (Siehe auch Seite 56).

Im Schutzgebiet sind Fahrten mit dem Pkw möglich. Zum Übernachten gibt es mehrere **Campingplätze** mit guten sanitären Einrichtungen, auch einige Chalets. Eine Vorausbuchung ist nicht erforderlich. Öffnungszeiten: täglich von 08:00 – 18.30 Uhr.

Außer den Breitmaulnashörnern findet sich hier der typische Wildbestand der afrikanischen Steppe wie Zebra, Gnu, Kuhantilope, und Spießbock. Eine reiche Vogelfauna sorgt für zusätzliche Reize.

Das Khutse Wildschutzgebiet

Fläche: 2.600 km^2
Lage: an der Südgrenze des Zentral-Kalahari-Schutzgebietes
Übernachtung: 6 Campingplätze

In das Wildschutzgebiet gelangt man von Gaborone über Molepolole und Lethlakeng. Dabei ist ein Allradgeländewagen unbedingt erforderlich. Auch eine Vorausbuchung ist notwendig (sh. S. 40).
Für die Übernachtung stehen sechs **Campingplätze** (keine Lodges) ohne Wasserstellen, meist auch ohne Latrinen zur Verfügung.
• Khutse: Campinggelände mit zehn Stellplätzen.
• Mahurushele Pan und Sekushuwe Pan mit je einem Stellplatz.

• Khankhe Pan mit vier Stellplätzen.
• Molose: Wasserloch mit drei Stellplätzen.
• Moreswe Pan mit vier Stellplätzen.
Die Tierwelt entspricht weitgehend der des Zentral-Kalahari Schutzgebietes.

Das Mabuasehube Wildschutzgebiet

Fläche: 1.800 km^2
Lage: grenzt im Osten direkt an den Gemsbock Nationalpark
Übernachtung: 4 Campingplätze

Für die Zufahrt gibt es eine nördliche und eine südliche Möglichkeit: Von Gaborone über Werda oder über Tsabong oder von Süden her über Tshane. Für beide Strecken ist ein Allradgeländewagen erforderlich. Für die Zufahrt ist eine Vorausbuchung (sh. S. 40) nötig.
Besucher des Schutzgebietes finden vier **Campingplätze** ohne Wasser und weitere Einrichtungen vor. Lediglich Latrinen sind vorhanden.
• Mabuasehube Pan mit vier Stellplätzen.
• Mpaathuthwa Pan mit zwei Zeltplätzen.
• Khiding Pan mit zwei Zeltplätzen.
• Lesholoago Pan mit einem Stellplatz.
Die Vegetation und die Tierwelt sind wie in der Kalahari, jedoch mit einer reichen Vogelfauna.
Tipp: Die Eintrittsgebühr muss beim Rangerposten in der Nähe des Übernachtungsplatzes Mpaathuthwa Pan bezahlt werden. Eine Weiterfahrt in den im Westen angrenzenden Gemsbock Nationalpark ist nicht möglich.

Der Makgadikgadi- und Nxai-Pfannen Nationalpark

Fläche: 7.300 km^2
Lage: an der Straße Nata – Maun
Übernachtung: 2 Camps,
4 Campingplätze

Dieser Nationalpark ist nicht eingezäunt. Der Nxai Pan-Sektor liegt nördlich der asphaltierten Straße von Nata nach Maun, der Makgadikgadi-Pan-Sektor südlich davon.

Die Makgadikgadi-Salzpfannen sind die Reste eines ehemals riesigen Sees und zählen zu den größten der Erde. Für den Besuch des Gebietes ist ein Allradwagen unbedingt erforderlich, wenn irgend möglich, sollten immer zwei Fahrzeuge zusammen fahren. In der Regenzeit sind die Salzpfannen unbefahrbar.

Am besten nimmt man Quartier entweder in Gweta oder in Jack's Camp. Im Dorf **Gweta**, das nur etwa 30 km vom Parkeingang des Maun-Sektors entfernt liegt, gibt es ein Restcamp mit einer gut ausgestatteten Bungalow-Anlage und einem Campingplatz für Zelte. Das Restcamp organisiert Safaris in den Nationalpark und vermietet Allradfahrzeuge. Ein Airstrip befindet sich in der Nähe.

Jack's Camp liegt etwa in der Mitte der Ostgrenze des Makgadikgadi-Sektors in einem Palmenwald. Das Luxuscamp hat einen nahegelegenen Airstrip. Hier werden auch Safaris in den Nationalpark veranstaltet. Für beide Camps ist eine Reservierung nötig.

Campingplätze:
Im Nxai-Pan-Sektor drei Zeltplätze:
- South Camp: Sanitäranlagen, vier Stellplätze.
- North Camp: Sanitäranlagen, drei Stellplätze.
- Baines Baobabs: keinerlei Einrichtungen, insgesamt neun Stellplätze.

Im Makgadikgadi-Pan-Sektor:
- Kumaga, im Uferbereich des Boteti: Sanitäranlagen, fünf Stellplätze.
- Njuca Hills, etwa in der Mitte des Sektors: Latrinen, sechs Stellplätze.

Die Landschaft des Nationalparks ist charakterisiert durch Salzpfannen verschiedenster Größe, deren Boden zum Teil mit Gras bewachsen ist. Während der Regenzeit (ab Mitte November) füllen sich die Pfannen mit Wasser, das bis April/Mai hält. In dieser Zeit kommen viele Tausende von Flamingos, Pelikanen, Gänsen, Enten und anderen Wasser- und Watvögeln zu den vom Regenwasser aufgefüllten Pfannen. Sie verlassen das Gebiet erst wieder nach dem Austrocknen.

Eine Besonderheit des Nationalparks sind die jährlichen Wanderzüge der Herden von Zebras, Gnus und Antilopen. Im Dezember bis März halten sie sich im Nxai Pan-Sektor auf. Nach dem Trockenfallen der dortigen Pfannen wandern sie ab März/April nach Süden in den Makgadikgadi-Sektor. Ab August ziehen die Herden nach Westen zum Boteti, wo es immer noch Wassertümpel gibt. Ab Dezember wandern sie dann wieder in den Nxai Pan-Sektor, wo auch die Jungen geboren werden.

Ruhender Mähnenlöwe, vgl. S. 58,59.

Das Nordost-Tuli-Wildschutzgebiet

Fläche: 900 km^2
Lage: NO-Botswana
Übernachtung: 2 Lodges,
2 Zeltcamps

Das Nata-Vogelschutzgebiet

Fläche: 230 km^2
Lage: 170 km ostwärts von Francistown, 17 km südlich des Dorfes Nata
Übernachtung: 2 Lodges,
1 Campingplatz

Dieses größte private Wildschutzgebiet im südlichen Afrika liegt im Bereich, wo der von Norden kommende Shashe (Grenzfluß zwischen Botswana und Zimbabwe) in den Limpopo (Grenzfluss zwischen Botswana und der Republik Südafrika) einmündet. Die Landschaft hier ist besonders abwechslungsreich mit Bergen, Felsformationen, Flusstälern und artenreichen Wäldern.

Am besten ist die Anreise mit dem Flugzeug von Gaborone oder Johannesburg zur Landung auf dem Airstrip im Schutzgebiet. Als Unterkunft hat man die Wahl zwischen zwei Lodges und zwei Campingplätzen.

• Das **Mashatu Main Hauptcamp** ist eine Luxuslodge, die als die exklusivste in Botswana gilt. Sie kann maximal 34 Gäste beherbergen.

• Das **Mashutu Zeltcamp** ist ebenfalls erstklassig und für maximal 14 Gäste eingerichtet.

• Die **Tuli Safari Lodge** liegt am Ufer des Limpopo.

• Das **Nokalodi Zeltcamp** mit vier Zelten liegt 2 km südlich der Tuli Lodge.

Von den Lodges werden die üblichen Pirschfahrten sowie auch Fußwanderungen organisiert. Den Besucher erwartet ein großer Wildreichtum: Über 1.000 Elefanten (größte Elefantenpopulation in privatem Besitz in Afrika), Giraffen, Zebras, Elanantilopen, Kudus, Impala, Buschböcke u.a., daneben rund 350 verschiedene Vogelarten.

Die Kontaktadresse für eine Buchung findet sich im Anhang Seite 123.

Im Jahr 1992 wurde das Vogelschutzgebiet als Gemeinschaftsprojekt der umliegenden Dörfer gegründet und wird von diesen auch verwaltet. 55 % der Gesamtfläche sind Steppe, der Rest Salzpfannen, die während der Regenzeit mit Wasser gefüllt sind. Es gibt mehrere Beobachtungsplattformen im Schutzgebiet.

In der Trockenzeit ist die Befahrung mit einem normalen Pkw möglich, in der Regenzeit jedoch ist ein Allradfahrzeug unumgänglich.

Als Übernachtungsmöglichkeit gibt es die **Sua Pan Lodge**, ein Motel mit Campingplatz in Nata. Die **Nata Lodge**, die 10 km südlich von Nata liegt, hat mehrere Bungalows und einen Campingplatz. Er verfügt über gute Sanitäreinrichtungen und liegt in einem Mopanewald in der Nähe des Schutzgebiets-Eingangs.

Bisher wurden 165 verschiedene Vogelarten im Schutzgebiet nachgewiesen. Sobald während der Regenzeit die Salzpfannen Wasser führen, kommen Flamingos, Pelikane, verschiedene Storch- und Reiherarten, Gänse und Enten, teilweise aus großen Entfernungen in das Gebiet, um hier zu brüten. Weiterhin treffen Zebras und verschiedene Antilopenarten sowie kleine Beutegreifer, wie Schakale und Füchse ein.

Grundregeln und Vorschriften für den Besuch der Nationalparke und Wildschutzgebiete

Öffnungszeiten:
06:00 – 18.30 Uhr (März bis September)
05:30 – 19.30 Uhr (Oktober bis Februar)

- Außerhalb der oben angegebenen Zeiten ist das Fahren in den Schutzgebieten nicht gestattet.
- Personen, die für bestimmte Campingplätze gebucht sind, müssen diese Campingplätze vor 17.30 Uhr an dem vorgesehenen Tag erreichen. Andernfalls kann der Campingplatz an Dritte vergeben werden und die geleistete Anzahlung verfällt.
- Einfahrt in die Schutzgebiete ist nur mit dem vorgeschriebenen Passierschein gestattet.
- Passierscheine sind am Eingangstor erhältlich.
- Die zugelassene Höchstgeschwindigkeit in allen Wild- und Naturschutzgebieten ist 40 km/h.
- Das Durchfahren des Geländes abseits der Fahrwege ist streng verboten.
- Das Entfernen von Pflanzen oder Tieren ist streng untersagt.
- Besucher dürfen Tiere weder necken noch füttern, da dies zur Gewöhnung an Menschen und am Ende dazu führen kann, dass solche Tiere abgeschossen werden müssen.
- Besucher werden aufgefordert, ihr Fahrzeug nur innerhalb der Gebiete zu verlassen, in denen das Aussteigen ausdrücklich gestattet ist.
- Weder Tiere noch Menschen dürfen gestört werden.
- Feuer dürfen nur in dafür vorgesehenen Feuerstellen angezündet werden.
- Für die Beseitigung von Abfall sollen die bereitgestellten Abfallbehälter benutzt werden. Nur brennbare Abfälle sollen in den dafür vorgesehenen Feuerstellen verbrannt werden.
- Kein Hund, noch irgendein anderes Haustier oder gezähmter Vogel darf in ein Wild- oder Naturschutzgebiet gebracht werden.
- Das Mitbringen von Schusswaffen oder irgendwelchen anderen Waffen ist streng untersagt.
- Alle wilden Tiere sind potentiell gefährlich. Man sollte ihnen daher mit dem Respekt begegnen, der ihnen gebührt.
- Schlafen im Freien ist gefährlich.
- Wegen der Krokodile und der Bilharziose sollten Besucher in den offenen Gewässern der Schutzgebiete nicht schwimmen oder baden.

Aus: "Botswana Bajanala" Bd. 2

Das Okavangodelta

Mit seiner Länge von 1.430 km ist der Okavango der drittgrößte Strom in Afrika südlich der Sahara (vgl. Länge des Rheins: 1.320 km). Sein Quellgebiet liegt im Benguela-Plateau in Angola, wo die Niederschläge bis zu 2.000 mm jährlich betragen können. In Angola heißt unser Fluß Cubango. Er fließt zunächst nach Südosten und bildet auf einer Strecke von etwa 400 km die Grenze zwischen Angola und Namibia. Wenn er bei Mohembo die Grenze von Botswana erreicht, ist der Okavango etwa 100 m breit und führt – je nach Niederschlagsmenge – 5 bis 12 Mrd. Kubikmeter Wasser jährlich.

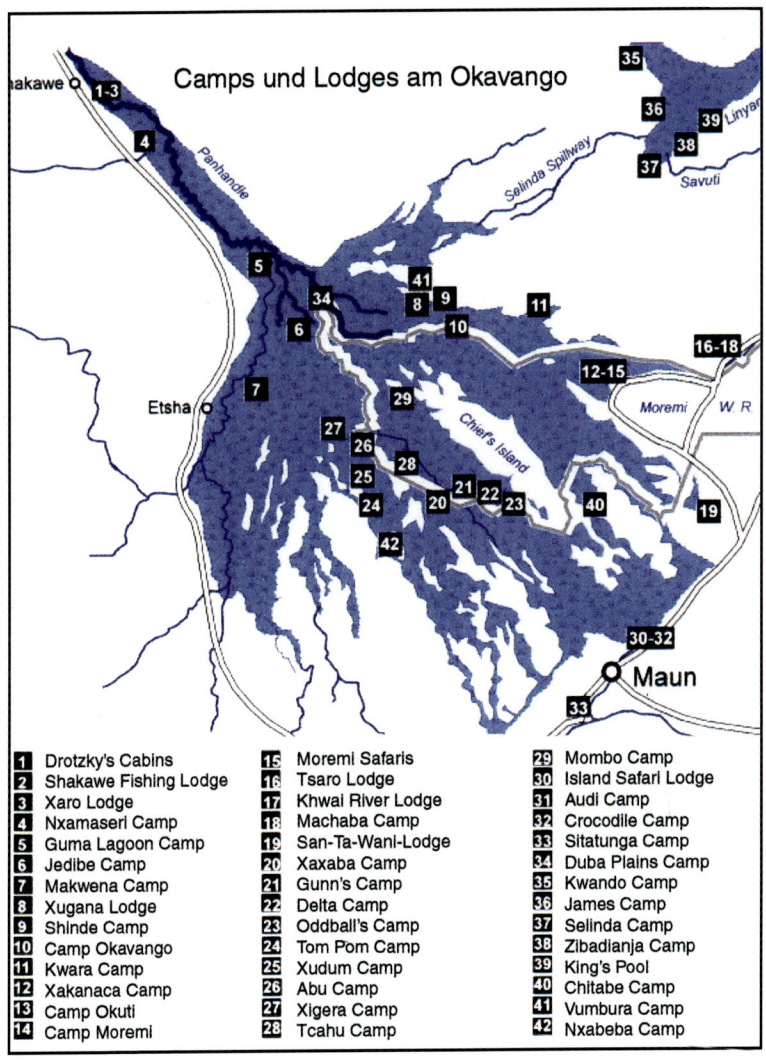

Camps und Lodges am Okavango

1	Drotzky's Cabins	**15**	Moremi Safaris	**29**	Mombo Camp
2	Shakawe Fishing Lodge	**16**	Tsaro Lodge	**30**	Island Safari Lodge
3	Xaro Lodge	**17**	Khwai River Lodge	**31**	Audi Camp
4	Nxamaseri Camp	**18**	Machaba Camp	**32**	Crocodile Camp
5	Guma Lagoon Camp	**19**	San-Ta-Wani-Lodge	**33**	Sitatunga Camp
6	Jedibe Camp	**20**	Xaxaba Camp	**34**	Duba Plains Camp
7	Makwena Camp	**21**	Gunn's Camp	**35**	Kwando Camp
8	Xugana Lodge	**22**	Delta Camp	**36**	James Camp
9	Shinde Camp	**23**	Oddball's Camp	**37**	Selinda Camp
10	Camp Okavango	**24**	Tom Pom Camp	**38**	Zibadianja Camp
11	Kwara Camp	**25**	Xudum Camp	**39**	King's Pool
12	Xakanaca Camp	**26**	Abu Camp	**40**	Chitabe Camp
13	Camp Okuti	**27**	Xigera Camp	**41**	Vumbura Camp
14	Camp Moremi	**28**	Tcahu Camp	**42**	Nxabeba Camp

Links: Aus den niedrig fliegenden Buschflugzeugen gewinnt man einen ersten faszinierenden Überblick über die einzigartige Landschaft des Okavango-Deltas.

Nach den Popa-Wasserfällen an der Grenze verläuft der Okavango im sogenannten Panhandle (Pfannenstiel) zwischen zwei Erdfalten, die als Ausläufer des ostafrikanischen Grabensystems gedeutet werden. Wenn man nämlich das Okavangodelta aus größerer Höhe vom Flugzeug aus betrachtet, erscheint der Panhandle als Stiel der nach Südosten anschließenden "Pfanne" des Deltas.

Das ungefähr 90 km lange Panhandle-Tal ist flach und nur 10 bis 15 km breit. In diesem Abschnitt seines Laufs bildet der Okavango zahlreiche Mäander. Etwa bei dem kleinen Ort Seronga (am östlichen Ufer) quert wieder eine Erdfalte, die Comarefalte, das Flußtal. Hier teilt sich der Strom in drei Arme, zwischen denen das Delta sich ausbreitet. Da das Gefälle bis zum unteren, etwa 250 km entfernten Ende des Deltas nur 62 m beträgt, wird die Fließgeschwindigkeit sehr verlangsamt. Es haben sich unzählige Seitenarme, Seen, Lagunen und Sümpfe gebildet, in und zwischen denen Tausende von Inseln liegen. Die größte Insel heißt Chiefs Island (etwa 1.000 km² groß).

Das Delta hat eine Gesamtfläche von etwa 15.000 km², von denen ungefähr 6.000 km² ständig überflutet sind, der Rest nur bei Hochwasser.

Nach etwa 250 km – von der Comare-Falte gerechnet – begrenzt eine weitere Erdfalte, die Thamalakome-Falte das Okavangodelta. Auf der nordwestlichen Seite dieser Falte ist ein Fluß entstanden, der Thamalakome. In niederschlagsreichen Jahren führt er auch Wasser. Er teilt sich südwestlich von Maun – der verkehrsmäßigen Eingangspforte des Deltas – in zwei Arme, den Nhabe, der nach Südwesten zum Ngami-See fließt und den Boteti, der nach Osten zu den Makgadikgadi-Pfannen zieht.

Der Ngami-See war vor 150 Jahren ungefähr 800 km² groß (vgl. Bodensee 538 km²), seit 1982 ist er völlig ausgetrocknet. Auch der Boteti erreicht die Ntwetwe-Salzpfanne seit vielen Jahren nicht mehr.

In durchschnittlichen Jahren fallen im Hochland Angolas die meisten Niederschläge zwischen Oktober und März.

Links: Zahlreiche Kleinmaschinen warten, um die Touristen zu den Lodges des Okavango-Deltas zu bringen.

Rechts: Auf dem Flugfeld von Maun können auch die Maschinen der Air Botswana wie die Boing 737 landen.

Die Flut erreicht das Nordende des Pankandle ab Februar und die Mitte des Deltas im Mai, schließlich im Juli/August, während des südlichen Winters, den Thamalakome bei Maun.

95 Prozent der Wassermenge, die der Okavango in sein Delta transportiert, verdunsten, zwei Prozent versickern in das Grundwasser und nur drei Prozent erreichen schließlich das Südende bei Maun bzw. den Thamalakome.

Der Savuti-Channel hat in früheren Zeiten immer Wasser geführt, und zwar hin zum Linyanti im Norden. Im Jahre 1888 ist der Savuti zum ersten Mal völlig versiegt. In seinem Bett wuchsen in der Folgezeit Bäume. Im Jahre 1957 führte der Savuti dann wieder Wasser, allerdings nur etwa 20 Jahre lang, denn im Jahre 1979 trocknete er völlig aus.

Viele Hunderte von Krokodilen und Flusspferden sind qualvoll verendet, ein Sterben, das auch in zahlreichen Fernsehsendungen gezeigt worden ist.

Geologen führen das Versiegen des Savuti auf tektonische Vorgänge zurück, die im Bereich des ostafrikanischen Grabenbruchs immer wieder vorkommen. Die leichte Hebung einer Erdplatte wirkt sich zweifelsohne gegenüber der Wasserführung eines Flusses, der auf einen Kilometer nur 18 Zentimeter Gefälle hat, besonders stark aus.

Die Einzigartigkeit des Okavango und seines Deltas beruht auf zwei Tatsachen: Der Okavango ist der einzige große Strom der Erde, der keinen Ozean erreicht, sondern schließlich in den tiefen Sandschichten der Kalahari versickert, sein Delta ist das größte Binnendelta unseres Planeten.

Das Okavangodelta in seiner Gesamtheit ist weder Nationalpark noch Wildschutzgebiet. Es ist jedoch auf besondere Weise geschützt:

Im Nordosten liegt das Moremi-Wildschutzgebiet, das eine wohl einmalige Entstehungsgeschichte hat: Es ist nämlich das unseres Wissens einzige große Schutzgebiet, das von einem eingeborenen Volksstamm, dem der Ba Tsawana (siehe Seite 8) auf seinem eigenen Land gegründet worden ist, also nicht von einer Zentral- oder Regionalregierung.

Im Jahre 1896 hatte eine Rinderpestepidemie in allen südafrikanischen Ländern große Teile der Viehbestände und auch der Wildtiere, besonders u.a. der Büffel, hinweggerafft.

Damals war im Delta die Tsetse-Fliege (*Glossina morsitans*) weit verbreitet, die beim blutsaugenden Biss Trypanosomen-Flagellaten überträgt. Diese lösen beim Menschen die Schlafkrankheit aus, bei Rindern und Pferden die tödliche Nagana-Seuche. Die Wildtiere sind zwar Träger der Trypanosomen, aber erkranken nicht an der Nagana. Während der Rinderpestepidemie war die Tsetsefliegenpopulation im Okavangodelta praktisch ausgestorben. Daher trieben in den folgenden Jahren die Rinderzüchter ihre Herden auf die Savannen des Deltas. Zwischen den Jahren 1945 und 1960 kehrte die Tsetse-Fliege ins Okavangodelta zurück, weshalb die Rinderhalter ihre Herden nicht mehr im Delta weiden ließen. Andererseits hatte die Wilderei enorm zugenommen. In dieser Zeit wurde der Stamm der Ba Tsawana von der Witwe des Häuptlings Moremi III geführt, da ihr Sohn Matiba noch zu jung war. Am 15. März 1963 stellte Frau Moremi rund 2.800 km² ihres Stammlandes als Wildschutzgebiet zur Verfügung. In den 70er Jahren beschloss die

Stammesversammlung, auch Chief's Island (rund 1.000 km²), das ursprüngliche Jagdgebiet des Stammeshäuptlings, dem Schutzgebiet zuzuschlagen. Schließlich wurde das Schutzgebiet im Jahre 1991 noch an seiner nordwestlichen Grenze erweitert, so dass es nun 4.871 km² groß ist und damit etwa ein Drittel des Deltas umfasst.

Im Übrigen hat Botswana zum Schutz der Wildnis im Delta eine originelle Idee verwirklicht:

Das Gebiet ist in ungefähr 40 Sektionen eingeteilt, jeweils von etwa 200 km² Größe. Diese Flächen werden gegen Höchstgebot an Safariunternehmen verpachtet. Die Unternehmen sind zum großen Teil in der Republik Südafrika, zum Teil sogar in den USA beheimatet, besitzen aber in Gaborone und (oder) Maun Filialen. Sie errichten und betreiben die Lodges im Delta und sind für ihr Konzessionsgebiet verantwortlich. Da die Besucher ausschließlich zur Wildbeobachtung kommen, sorgen die Konzessionäre im eigenen Interesse für einen reichen Wildbestand, z.B. durch die Anlage von Wasserstellen in den trockenen Savannen, die Unterbindung von Wilderei usw. Jede Lodge hat einen Airstrip in ihrer Nähe, da sie häufig nur mit Buschflugzeugen erreichbar sind.

Das Okavangodelta ist von einzigartiger landschaftlicher Schönheit, ausgezeichnet durch vielfältige Vegetation: Riesige Papyrus- und Schilfsümpfe, Galeriewälder, parkartige Savannen, Mopanewälder sind die Lebensräume zahlreicher Tierarten in zum Teil großen Beständen. Es ist ein letztes Paradies des ursprünglichen Afrika südlich der Sahara.

Links: Vorplatz einer Lodge, auf dem sich die Gäste vor oder nach den Mahlzeiten aufhalten können.

Rechts: Berühmt sind Aufgang und Untergang der Sonne über dem Delta, deren Farben durch die hohe Luftfeuchte bedingt sind.

Reisetipps zum Besuch des Okavangodeltas

Reisezeit

Die beste Zeit zum Besuch des Okavangodeltas sind die südafrikanischen Wintermonate Juli bis Ende September. In dieser Zeit geht das Hochwasser im Delta zurück und das Wild kommt ein- bis mehrmals täglich an die ständigen Wasserstellen. An diesen Wasserstellen ist das Wild am leichtesten zu beobachten.

Die Tagestemperaturen bewegen sich um angenehme 25°C, die Nächte können allerdings sehr kühl werden und Temperaturen von 2 – 3°C sind keine Seltenheit. Man sollte also entsprechend warme Kleidung (besonders für die Nacht) mitnehmen. Allerdings herrscht um diese Zeit in den Savannen das Gelb der dürren Gräser. Die einzigen Blüten sind die der "Wasserlilien" auf den Lagunen. Im Oktober steigen die Tagestemperaturen auf 30 bis 35°C. Die Regenzeit beginnt im November. In dieser Zeit sind viele Pisten im Delta unbefahrbar und es werden auch einige Lodges geschlossen.

Gesundheitsvorsorge

Malaria

Das nördliche Okavangodelta und der angrenzende Chobe-Nationalpark sind während der Regenzeit und der auf sie folgenden Wochen Malariagebiet, und zwar gerade der *Malaria tropica*, der gefährlichsten der vier Malariaarten. *Malaria tropica* wird durch das Sporentierchen *Plasmodium falciparum*, einen Blutparasiten verursacht, der mit dem Speichel der blutsaugenden weiblichen Stechmücken der Gattung *Anopheles* auf den Menschen übertragen wird. Die Weibchen der Anophelesmücken nehmen in der Ruhestellung und beim Stich eine charakteristische Stellung ein, die sie von anderen harmlosen, äußerlich ähnlichen Mücken unterscheidet (sh. Abb. *a*). Sie legen ihre elliptischen Eier einzeln in stehende Gewässer ab. Die aus den Eiern schlüpfenden Larven schweben in waagrechter Haltung unter der Wasseroberfläche, ebenso die Puppen (sh. Abb. *b,c*).

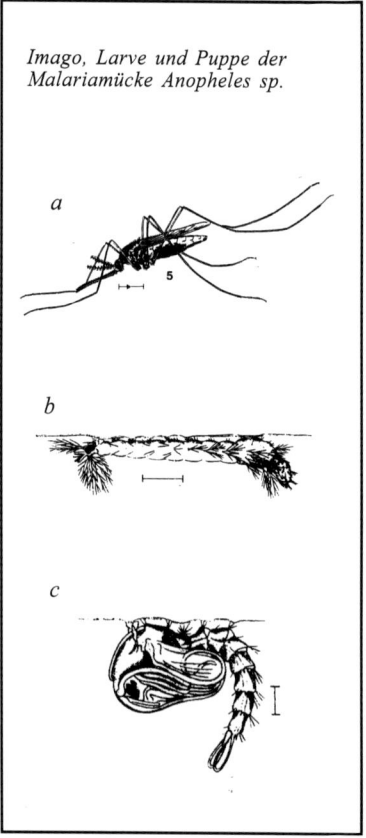

Imago, Larve und Puppe der Malariamücke Anopheles sp.

Tsetsefliegenfalle in einem Galeriewald.

Malaria tropica ist lebensgefährlich, wenn sie nicht rechtzeitig erkannt und behandelt wird. Die Symptome sind heftige unregelmäßige, aber auch anhaltende Fieberschübe, begleitet von allgemeiner Mattigkeit, Kopf- und Gliederschmerzen, Erbrechen und Durchfall. Die Inkubationszeit (also die Zeitspanne zwischen dem Mückenstich und dem Ausbruch der Erkrankung) beträgt zwischen sieben Tagen und mehreren Monaten. Die Diagnose wird durch den Nachweis der Erreger (der Plasmodien) im Blutausstrich und die Antikörperbestimmung geführt.

Es gilt also einer Infektion mit Malaria tropica vorzubeugen. Das geschieht auf folgende Weise:

- Richtige Wahl der Reisezeit (sh. oben).
- Vermeidung von Stichen der Malariamücken: Da die Mücken hauptsächlich in den Dämmerungsstunden und während der Nacht stechen, sollte man Kleidung mit langen Ärmeln und lange Hosen tragen. Die nackten Hautstellen sollten wiederholt mit wirksamen Repellensmitteln (Autan u. dgl.) behandelt werden.
- Unter Moskitonetzen schlafen. Solche, meist auch mit entsprechenden Chemikalien präparierten Netze, sind in allen guten Lodges über den Betten ausgespannt. Man sollte sie auf etwaige Löcher und Risse prüfen.
- Auch die Türen (und selbstverständlich alle Fenster) sind mit Moskitonetzen bzw. -vorhängen gesichert. Man muss sie natürlich abends und nachts geschlossen halten.
- Die medikamentöse Vorbeugung mit dem praktisch nebenwirkungsfreien Resochin funktioniert seit den 80er Jahren nicht mehr, da die Malariaerreger gegen dieses Mittel resistent geworden sind. Die heute auf dem Markt befindlichen Medikamente haben leider mehr oder weniger unangenehme Nebenwirkungen. Sie werden hier absichtlich nicht genannt, auch weil die Pharmaindustrie laufend an der Entwicklung neuer Medikamente arbeitet.

Wer sehr vorsichtig ist, sollte vor Antritt der Reise einen Tropenmediziner befragen und gegebenenfalls ein Stand-by-Präparat mitnehmen. Wegen der langen Inkubationszeit (sh. oben) sollte man auch noch Wochen nach der Rückkehr beim Auftreten entsprechender Krankheitssymptome an Malaria denken und den behandelnden Arzt über die Tropenreise unterrichten.

Niemand sollte sich jedoch durch die Furcht vor einer Malariainfektion vom Besuch des Okavangodeltas abhalten lassen. Wenn man die oben genannten Sicherheitsmaßnahmen beherzigt, besonders die Reisezeit, ist die Infektionsgefahr äußerst gering. Die Verfasser haben dies wiederholt selber erprobt.

Schlafkrankheit

Die Erreger der Schlafkrankheit (*Trypanosomen*) werden durch die Tsetsefliege auf den Menschen übertragen. Sie ist im Gegensatz zu den Malariamücken tagaktiv. Die Tsetsefliege ist in Botswana weitgehend ausgerottet. Allerdings kommt sie im Okavangodelta und im Moremi noch vereinzelt vor. Sie wird dort durch spezielle Fallen (Abb. 35) bekämpft. Man schützt sich vor ihr durch helle Kleidung, da die Tsetse-Fliegen besonders durch Blau und Schwarz angelockt werden, sowie durch Repellenspräparate. Die Gefahr, sich mit der Schlafkrankheit zu infizieren, ist sehr gering.

Gelbfieber

Botswana ist frei von Gelbfieber. Wer aber aus einem Gelbfieberinfektionsgebiet, z.B. Kenia oder Tansania einreist, muss die Schutzimpfung, die zehn Jahre wirksam ist, im internationalen Impfpass nachweisen.

Bilharziose

ist nach Malaria die am weitesten verbreitete und gefährlichste Tropenkrankheit. Sie wird durch die Infektion mit Eiern von den zur Gattung Pärchenegel (*Schistosoma*) gehörenden Saugwürmern verursacht. Die Eier gelangen mit den Ausscheidungen infizierter Personen (Urin, Fäkalien) ins Wasser. Aus den Eiern schlüpfen Wimperlarven, die zu ihrer Weiterentwicklung einen Zwischenwirt benötigen. Das sind bestimmte Süßwasserschnecken, in die die Wimperlarven eindringen und sich im Schneckenkörper weiterentwickeln und vermehren. Nach einigen Wochen verlassen sogenannte Gabelschwanzlarven (*Zerkarien*) die Schnecken und schwimmen in den betreffenden Gewässern. Sie bohren sich durch die Haut von badenden Menschen, gelangen mit dem Blut in die Leber, wo sie zu erwachsenen Saugwürmern heranreifen. Je nachdem wo sie sich anschließend ansiedeln, entwickelt sich eine Blasen- oder Darmbilharziose, deren Symptome blutiger Harn bzw. Durchfall, Fieber und Beschwerden in Leber, Milz, Verdauungsorganen und schließlich Anämie sind.

Im Okavangodelta sind sicher zahlreiche Gewässer frei von Bilharziose, andere aber können die Erreger beherbergen. Deshalb sollte man auf keinen Fall im Delta baden oder schwimmen. Mit einer Chemotherapie kann die Bilharziose geheilt werden.

Diese Warnung gilt nicht für die Swimmingpools bei den Lodgen, in denen weder Wasserpflanzen noch lebende Wasserschnecken sind und daher auch keine Bilharzioselarven. Außerdem ist das Wasser der Pools meist desinfiziert.

Hepatitis A
(Leberentzündung, Gelbsucht)

wird durch infizierte Lebensmittel (Obst, Salate, Gemüse) und infiziertes Trinkwasser übertragen. Zur Vermeidung sollte man stets die alte Faustregel erfahrener Tropenreisender beherzigen: „Schäl' mich, koch' mich, wenn nicht, lass mich".

Symptome der Hepatitis sind: Starke Müdigkeit, heller Stuhl, dunkler Urin, Schmerzen im Oberbauch, leichtes Fieber, Gelbfärbung von Haut und Augen.

Gegen Hepatitis A gibt es heute eine absolut wirksame Impfung. Bei einer Hepatitis-Erkrankung sollte man so schnell wie möglich nach Hause fliegen und sich umgehend in ärztliche Behandlung begeben.

Die Verpflegung in den guten Lodges im Delta ist jedoch einwandfrei, daher kann man in diesen auch unbedenklich Salate essen. Wasser sollte man nur aus Flaschen trinken – und auch zum Zähneputzen verwenden – deren Originalverschluss unversehrt ist.

Schlangenbisse

Die Frage nach der Gefahr von Schlangenbissen wird immer wieder von Touristen ohne Wildniserfahrung gestellt. Diese Befürchtung ist jedoch unbegründet. Schlangen fliehen sofort, wenn sie die Bodenerschütterungen wahrnehmen, die von den Fußtritten eines sich nähernden Menschen verursacht werden. Wenn allerdings Camper Feuerholz vom Boden aufsammeln, ist Vorsicht geboten. Im Allgemeinen wird man aber auch bei einem längeren Besuch des Okavangodeltas keine einzige Schlange sehen.

Die ursprünglich aus einem Baumstamm gehauenen, heute aus Kunststoff gefertigten Kanus der Eingeborenen (Mokoros) werden fast lautlos über die Lagunen gestakt.

Wichtig ist, keine Schuhe über Nacht vor dem Zelt oder im Freien stehen zu lassen. Skorpione könnten sich in ihnen verkriechen. Daher vor dem Hineinschlüpfen kräftig ausschütteln! Der Skorpionstich ist schmerzhaft, aber nicht gefährlich.

Reiseapotheke

In diese gehören selbstverständlich alle Medikamente, die man zu Hause einnimmt.

Außerdem: Ein Breitbandantibiotikum, Aspirin, Imodium, Mückenschutz- und Sonnenschutzmittel, Reisekaugummi-Dragées (Wirkstoff: Dimenhydrinat) für diejenigen, denen es im Flugzeug unwohl wird, Augentropfen (wegen des Staubs auf den Safarifahrten), Verbandsmaterial, Fieberthermometer, evtl. Medikamente gegen Hals- und Magenerkrankungen.

Allgemeine Reiseinformationen

Besucher aus Deutschland, Österreich und der Schweiz benötigen kein **Visum**. Der **Reisepass** muss jedoch noch sechs Monate gültig sein.

Die **Zeitverschiebung** beträgt während der europäischen Winterzeit eine Stunde, während der Sommerzeit besteht kein Zeitunterschied.

Die Lufthansa und South African Airways fliegen mehrmals in der Woche von Frankfurt/M. nach Johannesburg (Südafrika). Es handelt sich um Nachtflüge. Ab Johannesburg fliegt täglich einmal die Air Botswana nach Maun. Da man in Johannesburg zweimal durch Zoll und Grenzkontrolle (Einreise Südafrika und Einreise Botswana) muss, sollte man sich eilen, um den Flug nach Botswana zu erreichen. Wenn der Flieger von Frankfurt verspätet in Johannesburg ankommt, ist es fraglich, ob das Gepäck noch in die Maschine nach Maun gelangt. Muss man

aus diesem Grund in Johannesburg übernachten, ist ein Hotel im Norden der Stadt (aus Sicherheitsgründen) zu empfehlen.

Häufig wird ein Besuch des Okavangodeltas auch mit einer Reise durch Namibia kombiniert: Vom internationalen Flughafen Windhoek fliegt die Air Namibia mehrmals in der Woche nach Maun.

Wenn irgend möglich, sollte man auf dem Zielflughafen eine gewisse Geldsumme in Pula umtauschen, um den Safari-Guides im Delta und dem Logde-Personal **Trinkgelder** geben zu können. Auch die Piloten der Buschflugzeuge freuen sich über diese Erkenntlichkeiten.

Im Okavangodelta gibt es keine **Telefonverbindungen**. Auch normale Mobiltelefone funktionieren nicht, sondern nur Satellitentelefone.

Botswana will keinen Massentourismus, wie er zum Beispiel in Kenia und Tansania herrscht, sondern möchte mit möglichst wenig Besuchern möglichst viel verdienen. Die Devise heißt "Low volume, high cost". So können auch die einzelnen Lodges im Okavangodelta nur zwischen zwölf und maximal 24 Gäste aufnehmen. Auch die Zahl der Stellplätze auf den Campingplätzen des Deltas ist sehr begrenzt: etwa sieben, wobei allerdings auf einem Platz zwei Wägen geparkt werden können. (Sh. S. 18ff.)

Die Erkundung des Deltas ist auf zweierlei Arten möglich: Am besten ist die Buchung über einen erfahrenen Reiseveranstalter (sh. Liste im Anhang), dem man die gewünschte Reisezeit und die Zahl der Lodges angibt, die man besuchen möchte. Der Veranstalter erledigt dann alles Weitere: Buchung und Tickets für den Hin- und Rückflug, Reservierung der Lodges beim Parks and Reserves Reservation Office des Department of Wildlife and National Parks in Gaborone, (eine solche Reservierung ist unbedingt erforderlich!), Organisation der Buschflugzeuge, die den Besucher vom Flughafen Maun zur ersten gebuchten Lodge fliegen (Flughöhe 200 bis 300 m, so dass man schon beim ersten Flug Teile des Deltas aus der Vogelperspektive beobachten kann, auch größere Wildtiere wie Elefanten und Büffel). Später können diese Buschflugzeuge die Besucher auch von Lodge zu Lodge transportieren.

Da diese **Kleinflugzeuge** außer dem Piloten nur höchstens fünf Passagiere befördern können, ist das Gepäckgewicht auf 10 kg je Person, möglichst in Reisetaschen, beschränkt. Hartschalenkoffer sind unerwünscht. Man wohnt in sogenannten Mera-Zelten, luxuriös eingerichteten Zweipersonenhauszelten mit Dusche und WC. Verpflegung und Betreuung sind ausgezeichnet. Die Preise differieren zwar etwas von Lodge zu Lodge und auch zwischen Haupt- und Nebensaison, sind aber im Vergleich zu den Preisen z. B. in Kenia hoch. Im Jahr 2002 war der Satz der obersten Preisklasse 500 Euro pro Person und Tag. Dabei

Links: Aus den offenen Safarijeeps lässt sich das Wild hervorragend beobachten.

Rechts: Die Safariranger sind sehr gut ausgebildet und sprechen u.a. auch englisch.

handelt es sich um sogenannte "All-Inclusive-Preise", die Unterkunft (mit Zimmerservice), Verpflegung und Safaris (meist zwei je Tag) mit Safariwagen, Mokoro (sh. S. 37), Motorboot oder, wo dies möglich ist, auch zu Fuß, jeweils von mindestens einem erfahrenen Ranger begleitet, sowie den Weiterflug zur jeweils nächsten Lodge beinhalten. Alles in allem wird der Besucher in den Lodges des Deltas ausgezeichnet betreut. Die Reiseveranstalter stellen für die einzelnen Lodges entsprechende Gutscheine (vouchers) aus, die man bei Ankunft dem Manager übergibt.

Wer das Okavangodelta als Camper erkunden will, muss von vornherein wissen, dass er sich auf ein Abenteuer in afrikanischer Wildnis einlässt. Unbedingt sollten immer zwei Fahrzeuge zusammen fahren, denn bei Pannen im Delta kann man keinen Hilfsdienst herbeiholen. Selbstverständlich kommen ausschließlich Allradfahrzeuge mit hoher Bodenfrei-

heit in Frage. Auch die Camper müssen sich ihre Stellplätze im Wildlife-Büro reservieren lassen und am besten gleich dort bezahlen. Es befindet sich in Maun in der Sir Seretse Kama Road, seitlich rechts vom Polizeigebäude in einem Containerbau.

Öffnungszeiten:
Montag bis Samstag:
7.30 – 12.30 Uhr, 13.45 – 16.30 Uhr,
Sonntag:
7.30 – 12.00 Uhr
Tel. 66 12 65, Fax 66 12 64

Mietwagenfirmen (Avis und Holiday Car Hire) befinden sich in Maun gegenüber dem Flughafengebäude. Wenn irgend möglich, sollte man ein Fahrzeug mit Dachzelt mieten.

Die Leihwagengebühr betrug im Jahr 2002 etwa 120 Euro je Tag. Der Abschluss einer Vollkasko- und Diebstahlversicherung ist zwingend.

Oben: Die Fahrt über die Brücken im Delta fordert den Fahrer immer heraus.

Links: Der Mittagstisch ist in der Lodge gedeckt.

Campingausrüstung gibt es in Maun bei "Kalahari Kanvas" gegenüber dem Flughafen. Zum Campen im Delta muss man schlechterdings alles mitnehmen, was man braucht oder benötigen könnte: Verpflegung, Kochausrüstung, Wasser zum Trinken, Waschen und evtl. für den Wagen Treibstoff, Brennholz etc. Dazu kommen Bodengitter zum Unterlegen unter die Räder, wenn der Wagen im tiefen Sand festsitzt. Nachts müssen Früchte und andere Lebensmittel im Fahrzeug eingeschlossen werden, da Elefanten, Paviane und Hyänen während der Nacht häufig die Campingplätze aufsuchen. Die Elefanten sind nicht aggressiv, wollen aber in Ruhe gelassen werden, also nicht mit Taschenlampen angeleuchtet werden. Muss man in einem Bodenzelt übernach-

ten, so muss dieses unbedingt verschlossen werden. Kinder sollten auf Campingfahrten in der Wildnis grundsätzlich nicht mitgenommen werden.

Als **Kleidung** wird die übliche Tropenkleidung aus leichten Baumwollstoffen in Khaki oder anderen hellen Farben empfohlen. Möglichst keine dunkelfarbigen Kleidungsstücke, da diese die Tsetsefliegen und die Malariamücken besonders anlocken. Breitkrempiger Hut, feste Schuhe (es müssen keineswegs Stiefel sein). In den Lodges können Hemden, Blusen, Unterwäsche usw. täglich zum Waschen gegeben werden. Man erhält sie am nächsten Tag gewaschen und gebügelt zurück.

Für den Abend ist ein leichter Pullover unerlässlich und Badezeug zum Baden in den Lodgepools.

Selbstverständlich gehören zur Standardausrüstung Fotoapparat und/oder Kamera mit genügend Filmen (diese sind in den Lodges nicht erhältlich), Ersatzbatterien, Fernglas, Taschenlampe und Reisewecker.

Der Tagesablauf in den Delta-Lodges

Gewöhnlich wird man um fünf Uhr geweckt. Entweder es wird der "early-morning Tee" zusammen mit einigen Keksen serviert oder man kann ihn sich selbst zubereiten.

Nach etwa einer halben Stunde wird man von einem Ranger abgeholt und zum Hauptgebäude der Lodge geleitet. Dort startet man zur ersten Wildbeobachtungtour an diesem Tag mit Mokoro, Motorboot oder Safariwagen. Da es im südafrikanischen Winter in diesen frühen Morgenstunden noch empfindlich kühl sein kann, sollte man Pullover und Anorak anziehen. Nach der Rückkehr um etwa neun Uhr gibt es ein sehr reichliches Frühstück. Danach kann man im Swimmingpool baden oder sich auf andere Weise im Campareal beschäftigen. Die Zimmer in den Zeltbungalows werden vom Personal gerichtet.

Um zwölf Uhr gibt es den meist dreigängigen Lunch. Dann ist Siesta, bis etwa um 16.00 Uhr die nächste Wildbeobachtungstour beginnt. In dieser Zeit der größten Tageshitze versäumt man übrigens nichts, da auch das Wild meist im Schatten ruht. Bei Sonnenuntergang hält der Guide zum "Sundowner" an. Man kann den Wagen verlassen und bekommt Getränke und Kekse, Nüsse und dergleichen angeboten. Dann geht es zurück zur Lodge und einem üppigen Abendessen, das stets fünf Gänge umfasst. Auch alle Getränke, einschließlich vorzüglicher südafrikanischer Weine sind in dem "all-inclusiv-Preis" eingeschlossen. Nur wenn man unbedingt einen französischen Cognac nach dem Dinner wünscht – er ist an der Bar zu haben – dann wird dieser zusätzlich berechnet.

Schließlich setzt man sich im Kreis um ein Lagerfeuer und lässt den Tag, meist mit Gesprächen über die Tageserlebnisse ausklingen. Von einem Ranger wird man dann zum Zelt begleitet.

Rechts: Der prächtig blaugrün gefiederte Star hält sich gerne bei den Lodges auf.

Die Zeltbungalows stehen auf Plattformen zum Schutz vor Hochwasser. Das Geländer soll Elefanten abhalten.

Die Pflanzen- und Tierwelt des Deltas

Afrika südlich der Sahara besitzt die größte Artenvielfalt aller Kontinente und Botswana nimmt dabei unter den Ländern des Subkontinents eine Spitzenstellung ein:

Im Okavangodelta wachsen über tausend verschiedene Pflanzenarten. In Botswana hat man bisher allein an Wirbeltierarten mehr als 160 verschiedene Säugetierarten, über 550 Vogelarten, 157 Reptilien- und 38 Amphibienarten festgestellt. Ein sehr großer Teil davon lebt auch im Okavangodelta.

Selbstverständlich können wir in diesem Buch bei weitem nicht alle diese Arten beschreiben. Wir stellen aber alle diejenigen vor, die der Besucher höchst wahrscheinlich – auch während eines nur kurzen Besuchs – beobachten kann, immerhin über 100 Arten.

Mit Ausnahme von neun Fotos, die Herr Ulf Doerner beigesteuert hat, stammen alle von den beiden Verfassern.

Der Baobab

Für den Verfasser dieser Zeilen, wie sicherlich auch für viele andere Afrikafreunde, ist der Baobab schlechthin das Symbol der südafrikanischen Landschaften.

Der Baobab oder Affenbrotbaum (*Adansonia digitata*) gehört zur Familie der Wollbaumgewächse (*Bombacaceae*), einer kleinen Familie tropischer Bäume.

Meist erkennt man den Baobab schon aus weiter Entfernung: Erwachsene Bäume sind bis zu 20 m hoch, ein tonnenförmiger Stamm, der bis zu 30 m

Rechts oben: Gruppe von Baobab-Bäumen in der Savanne.

Rechts unten: Elefanten haben das wasserreiche Holz im unteren Stammbereich eines Baobab herausgerissen und gefressen.

Links: Zwei Geparden. Die markante Gesichtszeichnung ist gut zu sehen. Vgl. S. 67.

Umfang erreichen kann und eine – in der winterlichen Hauptreisezeit blattlose, Krone wirrer Äste und Zweige, die wirklich mehr dem Wurzelwerk als der Krone eines laubabwerfenden Baumes gleichen. Die großen, weißen Blüten öffnen sich im Oktober/November nur für zwei bis drei Tage und zwar bevor die handförmigen Blätter aussprießen. Die Blüten werden von Fledermäusen bestäubt. Die etwa 25 cm langen, samtig behaarten Schoten sind oval und sehr reich an Vitamin C. Die jungen Blätter werden von den Einheimischen wie Spinat gekocht und gegessen. Das Holz des Baobab ist schwammig weich und kann während der Regenzeit große Wassermengen speichern. Die Elefanten wissen das, bearbeiten in Dürrezeiten den Stamm mit ihren Stoßzähnen, um das wasserhaltige Holz zu fressen. Merkwürdigerweise überleben die Baobabbäume diese Verletzungen in den meisten Fällen.

Meist stehen die Affenbrotbäume einzeln oder nur in kleinen Gruppen. Leider sieht man nur höchst selten junge Baobabs. Sie werden wohl meist von Wildtieren oder auch dem Vieh gefressen. Hohle Baobabstämme dienen mehreren Wildtierarten als Unterschlupf, so Reptilien und Fledermäusen. In früheren Zeiten wurden sie auch von den Eingeborenen benutzt: als Verstecke, Poststationen, ja sogar als Gefängnis. Baobabs werden sehr alt, 2.000 bis 3.000 Jahre. Kein Wunder, dass sich um diesen so besonderen Baum zahlreiche Legenden ranken:

Die Buschmänner z. B. erzählen, dass die Götter bei der Schöpfung der Erde alle Pflanzen an Tiere vergeben hätten. Zuletzt kamen die Hyänen dran, für die nur noch der Baobab übrig gewesen wäre. Aus Wut darüber hätten sie den Baum dann mit seiner Krone nach unten eingepflanzt.

Der Mopane-Baum

Auf den nur mäßig fruchtbaren alkalischen Böden der Inseln des Deltas, die nur bei Hochwasser oder gar nicht überflutet werden, herrschen Mopane-Wälder vor.

Der Mopane-Baum (*Colophospernum mopane*) kann unter günstigen Verhältnissen bis etwa 20 m hoch werden. In aller Regel bleibt er jedoch buschförmig. Seine Blätter haben die Form von Schmetterlingsflügeln, sind zunächst hellgrün und verfärben sich in fortdauernder Lebenszeit über Gelb- und Brauntöne letztendlich kupferrot. Aus den unscheinbaren Blüten entwickeln sich nierenförmige Schoten.

Der Leberwurstbaum

Der Leberwurstbaum (*Kigelia africana*) gehört zur Familie der Trompetenbaumgewächse (*Bignoniaceae*). Er wächst häufig an den Gewässerufern im Delta. Sein Stamm ist gedrungen, die Blätter gefiedert, zusammengesetzt aus bis zu vier Paaren Teilblättchen mit einem Spitzenblättchen. Die trompetenförmigen dunkelroten Blüten senden, besonders abends, einen für den Menschen unangenehmen Duft aus, der Fledermäuse als Bestäuber anlockt. Die leberwurstförmigen Früchte können bis zu einem Meter lang und bis zu 10 kg schwer werden. Sie enthalten viel Wasser. Im reifen Zustand sind sie ein beliebtes Futter für Flusspferde, Paviane und andere Wildtiere.

Links: Die „Schirmakazie" fällt unter den zahlreichen Akazienarten des Deltas besonders auf.

Oben: Das dornenreiche Buschwerk bietet vielen Wildtieren relativ sichere Verstecke.

Palmen

Zwei Arten von Palmen kommen im Delta vor:

Die **"Wilde Dattelpalme"** (*Phoenix reclinata*), in Setswana "Tsaro", hat bis 4 Meter lange, dunkelgrüne, federartige Blätter. Häufig wächst sie in kleinen Gruppen an feuchten, sumpfigen Stellen der Inselufer. Die essbaren Früchte reifen im Spätsommer.

Die **"Fächerpalme"** (*Hyphaene petersiana*), in Setswana "Mokolwane", hat einen bis zu 20 m hohen Stamm und graugrüne, fächerförmige, bis zu 1,2 m breite Blätter. Sie wächst, häufig zu kleinen Wäldchen vereint, auf den oft salzhaltigen Böden der Deltainseln. Die zahlreichen, runden Früchte brauchen vier Jahre bis zur endgültigen Reife und werden von Elefanten gerne gefressen. Der Fruchtkern ähnelt in Härte und Farbe Elfenbein und wird von den Einheimischen zur Herstellung von Schmuck und dergleichen verwendet.

Akazien

Im Delta kommen mehrere Akazienarten, teilweise in reichen Beständen vor.

Die Akazien gehören zur Familie der Hülsenfrüchtler (*Leguminosae*). Sie leben, wie fast alle Hülsenfrüchtler, in Symbiose mit Wurzelknöllchenbakterien (*Rhizobium sp.*). Diese Bakterien binden den freien Luftstickstoff und verwandeln ihn in Stickstoffverbindungen, die die Wirtspflanzen verwerten können. Aufgrund dieser Stickstoffversorgung können viele Leguminosenarten, so auch die Akazien, auf nährstoffarmen Böden gedeihen, wie sie auf den Inseln des Deltas vorherrschen.

Links: Die Früchte des Leberwurstbaumes sind wasserreich.

Rechts: Die Fächerpalme ist ein typischer Baum auf den Deltainseln.

Alle Akazienarten des Deltas haben doppeltgefiederte Blätter, zwischen denen lange Dornen stehen. Die gelben bis cremefarbigen Blüten sind in Dolden vereint. Die Fruchthülsen haben bei den einzelnen Arten verschiedene Gestalt. Besonders auffällig ist die Knopfdornakazie (*Acacia nigrescens*, in Setswana "Mokoba"), deren Stamm von zahllosen warzenartigen, spitzen Auswüchsen besetzt ist.

Auf der Papierrindenakazie (*Acacia sieberiana)*, in Setswana "Morumosetlha" legen die Büffelweber (*Bubalornis niger*) gern ihre Kolonienester an. Die gelbbraune Rinde der Zweige ist papierartig dünn und schält sich in Fetzen ab.

Rechts oben und unten: Auf dem Wasserspiegel ruhiger Lagunen schwimmen Teppiche von Seerosenblättern; prächtig leuchten die Blüten der beiden „Waterlily"-arten.

Unten: Auf großen Flächen der Sümpfe bildet das Schilf undurchdringliche Bestände.

Sumpf- und Wasserpflanzen

Auf riesigen Flächen des Deltas wachsen Wälder von **Papyrusstauden**. Vier bis fünf Meter hohe Stängel entspringen einem kräftigen, im Schlamm kriechenden Wurzelstock und tragen an ihrer Spitze einen Schopf hellgrüner, filigraner, lang herabhängender Blätter sowie eine Blütendolde. In dieser stehen drei unscheinbare Ährchen beisammen.

Aus dem Mark der Stängel wurde schon im dritten Jahrtausend v. Chr. in Ägypten "Papier" hergestellt.

Der sehr stärkehaltige Wurzelstock wurde früher als Gemüse gekocht. Aus der Stängelrinde wurden Korbwaren, Matten, Netze und Stricke gefertigt.

Die Papyrusstaude (*Cyperus papyrus*, in Setswana "Koma") gehört zur Familie der Riedgräser (*Cyperaceae*).

Das gewöhnliche **Schilf** (*Phragmites australis*, in Setswana "Lethaka") wächst normalerweise in etwas seichterem Wasser als Papyrus. Häufig aber sind die Bestände beider Arten benachbart.

Phragmites australis wird bis zu zwei Meter hoch, die Ränder der schmalen Blätter sind messerscharf. Die Art gehört zur Familie der **Gräser** (*Gramineae*).

Zur gleichen Familie gehört auch das **Miscanthus-Gras** (*Miscanthus junceus*, in Setswana "Moxaa"), das im Delta ebenfalls ausgedehnte Bestände bildet, meist jedoch in seichterem Wasser als die Papyrus- und Phragmitesbestände. Es wird etwa zwei Meter hoch.

Auch eine **Rohrkolbenart**, *Typha capensis* (Bulrush) bildet in seichten Gewässern des Deltas horstartige Bestände. *Typha capensis* gehört zur Familie der Rohrkolbengewächse (*Typhaceae*) und ist unserem europäischen Rohrkolben (*Typha latifolia*) sehr ähnlich. Die winzigen Blüten werden vom Wind bestäubt. Sie stehen eng zusammengedrängt in einem langen, keulenförmigen Kolben am Ende der Stängel, die weiblichen Blüten in der unteren, die männlichen in der oberen Hälfte des Blütenstands, bilden also den Kolben. Die Blätter entspringen vorwiegend dem unteren Teil des Stängels. Sie sind lange, lineale, verhältnismäßig dicke Spreiten.

Die Papyrusstauden erkennt man leicht an den Schöpfen hellgrüner, schmaler Blätter auf den Spitzen ihrer Stängel.

Auch einen Farn trifft man an den Ufern der Deltagewässer. Der Sumpffarn *Thelypterus interrupta* (in Setswana "Letetemetsu") hat bis zu ein Meter lange Wedel.

Zwei Seerosenarten (Familie *Nymphaeaceae*) bedecken mit großen Blättern oft weite Teile der Wasseroberfläche von Lagunen und strömungsarmen Buchten im Delta.

Prächtig dunkelblau bis violett sind die Blüten der "Day Waterlily" (*Nymphaea nouchali caerulea*). Sie öffnen sich nur tagsüber, sind dann zunächst weiß, die Blaufärbung stellt sich erst nach der Bestäubung ein. Ihre Blätter sind ganzrandig, ein wichtiger Unterschied zu denen der "Night Waterlily" (*Nymphaea lotus*), die an ihrem Rand gezähnt sind. Ihre schneeweißen Blüten öffnen sich erst in der Abenddämmerung und schließen sich bei Sonnenaufgang.

Manchmal in Gesellschaft mit den Seerosenarten wächst der "Wasserenzian" (*Nymphoides indica*). Er gehört zur Familie der Fieberkleegewächse (*Menyanthaceae*), die auch in Mitteleuropa durch eine Art vertreten ist. Die Blüte der im Delta heimischen Art hat fünf gelbliche, behaarte Blütenblätter, die einen Stern bilden. Die Blätter ähneln sehr denen der Seerosen, sind aber herzförmig.

Säugetiere

Der Steppenelefant

Der afrikanische Steppenelefant (*Loxodonta africana africana*) ist das größte und schwerste Landsäugetier unserer Zeit: Er zählt zu den sogenannten "Big Five" (Elefant, Nashorn, Kaffernbüffel, Löwe und Leopard), den fünf großen afrikanischen Wildtierarten, die der Safaritourist, wenn irgend möglich, sehen möchte.

Die Schulterhöhe ausgewachsener Bullen erreicht 3,2 Meter, das Körpergewicht fünf bis sechs Tonnen. Allein das Herz wiegt 25 Kilogramm. Die Elefantenkühe haben durchschnittlich eine Schulterhöhe von 2,5 Metern und ein Gewicht zwischen 2,4 und 3,5 Tonnen.

Klar, dass ein so mächtiges Tier auch große Mengen von Nahrung benötigt: Etwa 300 Liter Wasser und 300 bis 500 Kilogramm Grünfutter (Gras, Blätter, Früchte) täglich. Das Wasser wird mit dem Rüssel aufgesaugt und in das Maul gespritzt. Auch die Nahrung wird mit der Rüsselspitze abgerissen.

Die Stoßzähne sind die umgewandelten Schneidezähne des Oberkiefers. Außerdem besitzt der Elefant nur vier Backenzähne, je einen auf jeder Seite des Ober- und Unterkiefers. Diese Backenzähne sind etwa 40 Zentimeter lang und besitzen zahlreiche erhöhte Querfalten, bilden also zusammen ein sehr wirkungsvolles Mahlwerk. Bei ihrer Abnutzung schiebt sich von hinten und unten ein neuer Zahn nach, bis der Rest des alten, verbrauchten ausfällt. Diese Erneuerung der Backenzähne erfolgt allerdings nur sieben Mal. Nach der Abnutzung der siebenten Mahlzähne muss der Elefant verhungern. Gewöhnlich reichen sie aber für die normale Lebenszeit von 60 Jahren aus.

Ein Elefantenbulle durchschreitet den Mopanewald.

Leider stoßen Elefanten Bäume, deren Laub in der Krone sie nicht mit dem Rüssel erreichen können, einfach um, wodurch sie in den Savannenwäldern großen Schaden anrichten. Viele Bäume, nicht zuletzt die Baobabs, haben auch am Stamm große Wunden, weil Elefanten mit ihren Stoßzähnen die Rinde in großen Stücken abgerissen und verzehrt haben.

Die Elefantenkuh bringt ihr Kalb nach einer Tragzeit von 22 Monaten zur Welt, etwa zehn Kälber in ihrem ganzen Leben. Die zwei Brüste der Elefantenkuh liegen weit vorn am Bauch, kurz hinter den Vorderbeinen. Sie muss das Kalb mit seinem Mäulchen erreichen. Erst mit zehn bis zwölf Jahren werden die Jungtiere geschlechtsreif. Dann werden die jungen Bullen aus der Herde verdrängt.

Der Rüssel ist ein besonders wichtiges Organ des Elefanten. Mit ihm atmet, riecht, trinkt und greift er, wobei er den Möglichkeiten der menschlichen Hand in vielerlei Hinsicht gleichkommt.

Das Gewicht der massigen Tiere ruht nicht, wie bei den Huftieren, auf den Zehenspitzen, sondern auf dicken, elastischen Sohlenpolstern. So können Elefanten sich fast lautlos fortbewegen und Abhänge im Gelände geradezu elegant federnd hinunter schreiten.

Die Elefantenkühe bilden zusammen mit den noch nicht geschlechtsreifen Jungtieren größere oder kleinere Herden – im Okavangodelta meist 20 bis 30 Tiere. Diese Herden werden stets von einer Leitkuh, der "Matriarchin" geführt, einer alten, erfahrenen Kuh, die die Wasserstellen und die Futterplätze sowie die Wege, die zu diesen führen, kennt. Diese Mutterherden bestehen aus lauter Tieren, die eng miteinander verwandt sind (Schwestern, Tanten). Ein neugeborenes Kalb wird nicht nur von seiner Mutter, sondern allen Mitgliedern der Herde umsorgt und gegebenenfalls verteidigt. Sie helfen ihm über unwegsames Gelände, z.B. liegende Baumstämme hinweg. An sich hat der Elefant außer dem Menschen keine Feinde. Auch Löwen greifen Elefanten praktisch nie an.

Die Jungbullen schließen sich zu Trupps zusammen, alte Bullen werden oft zu Einzelgängern.

Die Kühe werden mehrmals im Jahr empfängnis-, und damit paarungsbereit, also brunftig und zwar meist nur für einige Tage. Die im gleichen Gebiet umherstreifenden Bullen wittern das und kommen deshalb zur Herde. Meist paart sich die brunftige Elefantenkuh nur mit einem Bullen, der in der sogenannten "Musth" ist. Das ist ein hormoneller Zustand, in den die Bullen mehrmals im Jahr gelangen.

Rechts: Ein Elefant überquert den Safariweg.

Links: Diesen Baum haben Elefanten, soweit sie mit ihren Stoßzähnen reichen konnten, geschält. Wahrscheinlich wird der Baum diese Verwundungen nicht überstehen.

Man erkennt dies an einem für den Menschen übel riechenden Sekret, das von den Schläfendrüsen des Bullen abgesondert wird und über die Backen herabrinnt. Während der Musth sind die Bullen sehr aggressiv.

Die das Delta bevölkernden Elefanten sind im allgemeinen sehr friedlich. Allerdings, wenn ein Bulle gerade mitten auf der Fahrtspur dösend oder schlafend steht, sollte man – mit eingelegtem Rückwärtsgang – in sicherer Entfernung halten und keineswegs versuchen, das Tier wegzutreiben. Ein angreifender Elefant spreizt seine Ohren seitlich weg und klatscht sie an den Körper, wirft den Rüssel hoch und stürmt dann auf den wirklichen oder vermeintlichen Feind los. Er könnte auch einen Safariwagen umwerfen. Solche Angriffe sind aber bisher im Delta nicht vorgekommen.

Elefanten wollen wenigstens einmal am Tag ausgiebig baden. Ist zu wenig Wasser vorhanden, suhlen sie sich in Schlammlöchern. Auch Staubbaden gehört zur Hautpflege, wobei der Staub mit dem Rüssel aufgenommen und auf dem Rücken verspritzt wird.

Elefanten schlafen im Stehen oder Liegen. Berühmt ist das ausgeprägte Sozialverhalten der Elefanten. So werden kranke Herdenmitglieder beim Wandern gestützt und vor angreifenden Löwen beschützt. Tote Tiere werden – wie immer wieder berichtet wird – tagelang bewacht und bisweilen sogar mit Zweigen zugedeckt. Sprichwörtlich gut ist das Gedächtnis der Elefanten. Sie erinnern sich über viele Jahre, vielleicht sogar lebenslang, an gute und schlechte Ereignisse.

Trotz eines internationalen Verbots des Elfenbeinhandels und Bemühungen zum Schutz ihrer Lebensräume in vielen Staaten südlich der Sahara ist die Zahl der Elefanten von 1,3 Mio. im Jahre 1980 über 600.000 im Jahr 1990 auf heute rund 300.000 (Schätzung von 2001) zurückgegangen, im wesentlichen aufgrund von Wilderei.

Botswana besitzt noch eine der größten Elefantenpopulationen der afrikanischen Länder. Im Delta trifft man Elefanten u.a. besonders im Bereich des Savuti an. Die größten Herden stehen aber im Chobe-Nationalpark, der sich nordöstlich an das Moremi-Wildschutzgebiet anschließt. Dort sollen etwa 80.000 Elefanten leben, viel zu viele jedenfalls für die dortigen Wälder, die auf weite Strecken einer Mondlandschaft ähneln. Der Chobe-Nationalpark könnte ohne nachhaltige Zerstörung etwa 30.000 Elefanten beherbergen.

Alte Bullen des Kaffernbüffels sondern sich außerhalb der Paarungszeit von ihren Herden ab.

Das Breitmaulnashorn

Das Breitmaulnashorn (*Cerathotherium simum*) ist ursprünglich auch im nördlichen Okavangodelta (Moremi und Chobe) vorgekommen. Die Bewachung vor Wilderern war jedoch so schwierig, dass sich die Wildschutzbehörde 1992 entschloss, die letzten Tiere zu fangen und in das neu geschaffene 43 km² große "Khama Rhino Sanctuary" bei Serone zu überführen. Dort werden sie von einem eigenen Armeeposten von mehreren Wachtürmen aus bewacht. Es sind wohl die am besten geschützten Nashörner ganz Afrikas (sh. S. 24).

Der Kaffernbüffel

Der Kaffernbüffel (*Syncerus caffer*) gehört zur Unterfamilie der Wildrinder (*Bovinae*) in der artenreichen Familie der Hornträger (*Bovidae*).

Alte Bullen des Kaffernbüffels erreichen eine Schulterhöhe von bis zu 1,7 Metern und eine Kopfrumpflänge von etwa 3,4 Metern. Bullen und Kühe tragen

Hörner. Sie wachsen, besonders bei den alten Stieren am Grund praktisch zusammen und bilden so auf der Stirn eine mächtige Hornplatte. Von dieser schwingen die Hörner zunächst nach unten, während die Spitzen sich anschließend nach oben ziehen. Die Hornspannweite – von Spitze zu Spitze gemessen – kann bei alten Bullen über einen Meter betragen.

Das Fell der im Delta lebenden Büffel ist an sich schwarz. Allerdings erscheint es häufig rötlich oder braun. Das kommt von den Sand- und Erdpartikeln, die an den Fellhaaren hängen bleiben, wenn sich die Büffel in Schlammlöchern suhlen oder im Sand wälzen, beides um sich vor Hautparasiten zu schützen.

Im Delta kommen die Herden des Kaffernbüffels, meist etwa 20 bis 30 Tiere, hauptsächlich in den savannenartigen Landschaften der Inseln vor, die gewöhnlich nur von besonders ausgeprägten Hochwassern oder gar nicht überschwemmt werden. Sie brauchen Gras zum Fressen – großenteils während der Nacht – Wasserstellen zum Trinken und

Diesen im hohen Gras der Savanne ruhenden Mähnenlöwen würde man als Fußgänger erst im letzten Augenblick erkennen, wahrscheinlich zu spät. Das Foto wurde vom Safariwagen aus, aus drei Metern Entfernung, aufgenommen.

Schatten zur mittäglichen Ruhe. In dieser Zeit kauen sie ihre vorher aufgenommene Nahrung wieder: Bei den Wiederkäuern gelangt die Nahrung zunächst in den Pansen, einen großen Vormagen, in dem Milliarden ganz spezieller symbiotischer Bakterien die Zellulose der Gräser und Kräuter chemisch aufschließen. Beim Wiederkäuen wird dann der Nahrungsbrei aus dem Pansen portionsweise wieder in das Maul heraufgewürgt, nochmals gekaut, dabei eingespeichelt und anschließend wieder hinuntergeschluckt. Jetzt gelangt die Nahrung aber nicht wieder in den Pansen, sondern nacheinander in den "Netz"- und weiter in den "Blättermagen", zwei weitere Vormägen. Erst nachdem in diesen beiden Vormägen die

Verdauungsfermente die Nahrung weiter aufgeschlossen haben, wird sie in den "Labmagen" gepresst, wo die Endverdauung erfolgt.

Die Herden ziehen in ihrem angestammten Gebiet vorzugsweise in der Nacht von einer Weide zur nächsten, wobei sie etwa fünf Kilometer in der Stunde zurücklegen. Alte Bullen sondern sich häufig von der Herde ab und leben dann – außerhalb der Paarungszeit – allein oder in kleinen Trupps von einigen Altersgenossen. Die Tragzeit beträgt etwa 340 Tage.

In der Jagdliteratur wird der Kaffernbüffel häufig als das gefährlichste Tier Afrikas geschildert und auf viele Todesfälle von Großwildjägern hingewiesen. Eine Analyse dieser Geschichten ergibt jedoch, dass es sich bei den Büffeln, die Jäger angegriffen und tödlich verletzt haben, fast ausnahmslos um Tiere gehandelt hat, die wund geschossen waren.

An sich ist der Kaffernbüffel nicht aggressiv. Allerdings sollte man sich bei

Fußwanderungen im Delta von Kühen mit Kälbern und einzelnen Bullen bzw. "Junggesellentrupps" in gebührender Entfernung halten. Das Drohverhalten beginnt mit Kopfnicken, auf das Schnauben, Scharren mit den Hufen und schließlich der Angriff folgen.

Der Löwe

Der Löwe (*Panthera leo*, engl. Lion) gehört zur Familie der Katzen (*Felidae*).

Er bewohnt vorzugsweise die Savanne, also die mit kleinen Wäldern und Buschgruppen durchsetzte Grassteppe.

Er ist die einzige Katzenart, die in Rudeln lebt, alle anderen sind Einzelgänger. Ein Löwenrudel besteht aus bis zu 30 Tieren, einigen älteren Männchen sowie mehreren, meist miteinander verwandten Weibchen und ihren Jungen.

Bei der Jagd arbeitet das Rudel zusammen: Bevorzugte Beutetiere sind das Zebra, Gnu und andere größere Antilopen, auch der Kaffernbüffel. Am Ende der Treibjagd wird das Beutetier meist

von einer Löwin getötet, durch Genick-
bruch mit einem Prankenhieb oder durch
Erdrosseln mittels eines Bisses in die
Kehle. Am Riss aber haben dann die
Männchen den Vortritt, erst wenn sie
satt sind, dürfen die Weibchen fressen, zuletzt die Jungen. Typischerweise fressen
die Löwen zunächst die Eingeweide ihrer
Beute. Während der Jagd brüllt der Löwe
gewöhnlich nicht. Sein typischer Ruf ist
über mehrere Kilometer zu hören. Während der Beutejagd können Löwen Stun-
dengeschwindigkeiten von bis zu 60 km
erreichen, allerdings nur für kurze Zeit.
Sie können Sprünge von 10 bis 12 Meter
Weite und 3,5 Meter Höhe ausführen. Sie
vermögen auch auf Bäume zu klettern,
tun dies aber selten, z.B. um an die im
Astwerk versteckte Beute eines Leoparden zu kommen.

Wenn sie nicht jagen, schlafen und
dösen die Löwen, ungefähr 20 Stunden
täglich. Sie sind dann satt und kaum angriffslustig.

Nach einer Tragzeit von etwa 110 Tagen werden zwei bis fünf Junge geboren,
die erst nach ungefähr zwei Wochen ihre
Augen öffnen. Die Lebenserwartung beträgt um die 20 Jahre.

*Links: Rudel von Löwinnen mit ihren
Jungen.*

*Rechts: Den meist nachts auf Beutefang
gehenden Leoparden am Tag zu sehen,
bedeutet ein großes Glück für den
Safaritouristen.*

Der Leopard

Der Leopard (*Panthera pardus*) gehört zusammen mit Löwe, Tiger und Jaguar zur Unterfamilie der Großkatzen.

Er ist ein ausgesprochener Einzelgänger, sehr heimlich und geht meist erst während der Nacht auf Beutefang. Er ist deshalb bei Tagessafaris nur selten zu beobachten. Zu seiner Beute, die er anschleicht, gehört alles, was er überwältigen kann. Er ist außerordentlich kräftig, was sich besonders dann zeigt, wenn er seine Beute, etwa ein Impala, auf einen Baum hinauf schleppt, um sie vor nichtkletternden Aasfressern wie Hyänen und Schakalen zu sichern.

Nach einer Tragzeit von etwa dreieinhalb Monaten wirft das Weibchen ein bis sechs Junge. Diese öffnen ihre Augen nach ungefähr sechs Tagen, werden bis zu drei Monaten gesäugt und im Alter von etwa zwei Jahren selbständig. Über die Lebenserwartung des Leoparden in der Freiheit gibt es keine verlässlichen Zahlen, sie dürfte etwa 15 Jahre betragen.

Leoparden grenzen Territorien für sich ab, die sie gegenüber Artgenossen verteidigen.

Der Afrikanische Wildhund

Der Afrikanische Wildhund (*Lycaon pictus*) gehört zur Familie der Hundeartigen (*Canidae*). Sein wissenschaftlicher Name "Bemalter Wolf" bezieht sich auf seine auffällige Fellfarbe: Schwarze, braune, gelbe und weiße Flecken. Dabei gleicht kein Tier dem anderen, nur das Schwanzende ist bei allen weiß.

Die Schulterhöhe der erwachsenen Wildhunde beträgt etwa 70 cm, das Gewicht ungefähr 20 kg. Ihre Beine sind lang. Alle Sinnesorgane, Augen, Nase und Ohren leisten Hervorragendes.

Die Afrikanischen Wildhunde leben in Rudeln, die aus etwa acht erwachsenen Tieren und ihren Jungen bestehen. Sie werden von einem dominanten Paar, dem Leithund und der Leithündin, angeführt. Sie fressen kein Aas, sondern nur frisches Fleisch. Sie sind ausgezeichnete Hetzjäger, die ihre Beute, im Okavango-Delta hauptsächlich Impalas, mit einer Geschwindigkeit von bis zu 70 Stundenkilometern verfolgen. Dabei arbeitet das Rudel vorzüglich zusammen, das Beutetier hat keine Chance. Während der Jagd verständigen sich die Wildhunde durch laute Rufe.

Die Rudel jagen in Streifgebieten von mehreren Hundert Quadratkilometern, allerdings nur während etwa neun Monaten im Jahr. Wenn die Leithündin vor der Geburt steht – nur das dominante Paar pflanzt sich fort – wird das Rudel für ungefähr drei Monate ortstreu. Die Leithündin sucht eine Erdhöhle, z.B. die einer Hyäne auf, erweitert sie durch Graben und wirft dann darin ihre etwa acht bis zwölf Jungen. Diese halten sich die ersten drei Wochen in der Höhle auf, erkunden dann deren nähere Umgebung, sind mit etwa zehn Wochen entwöhnt und werden jetzt mit Fleisch ernährt, das die Rudelmitglieder, also nicht nur die Eltern, nach ihrer Rückkehr von der Jagd hervorwürgen. In dieser Zeit der Jungenaufzucht jagt das Rudel nur in der Umgebung der Höhle.

Der Afrikanische Wildhund gehört heute zu den am meisten gefährdeten Tierarten Afrikas. Jahrzehntelang wurde

Links: Ein seltener Anblick: Ein Leopard am hellichten Tag auf Beutezug.

Rechts: Die Flusspferdmutter – hinter ihr ist der Kopf ihres Jungen zu sehen – droht dem Fotografen mit weit aufgerissenem Maul.

er von Viehzüchtern erbarmungslos verfolgt. Viele Rudel haben sich auch mit Staupe- und Tollwuterregern infiziert, weil sie auf ihren Streifzügen mit Haushunden in Berührung gekommen sind.

Wahrscheinlich lebt im nördlichen Botswana, also gerade im Okavango-Delta, heute der noch größte Bestand dieses herrlichen Wildhundes.

Das Flusspferd

Das Flusspferd (*Hippopotamus amphibius*) gehört zur Familie der Flusspferde (*Hippopotamidae*), die nur zwei Arten umfasst, außer unserem Flusspferd noch das in West- und Zentralafrika heimische Zwergflusspferd.

Unser Flusspferd ist ein massiger Pflanzenfresser: Große Bullen werden bis 1,5 Meter hoch und bis zu zwei Tonnen schwer.

Im Delta leben die Flusspferde in kleineren Herden von acht bis zwölf Stück, meist in den Lagunen, allerdings nur in solchen, die an Inseln mit Weideland (Gras, Kräuter) grenzen, also nicht an Papyrus- und Schilfbeständen.

Tagsüber ruhen die Herden entweder im seichten Wasser – dann ragen von den mächtigen quadratischen Köpfen nur die

61

Nüstern, Augen und die kleinen Ohren über die Wasseroberfläche hinaus – oder auf Sandbänken. Die Haut der Flusspferde ist unbehaart, zahlreiche Drüsen sondern einen roten Schleim ab.

Die Paarung erfolgt im Wasser, in dem auch die Kälber nach etwa achtmonatiger Tragzeit geboren und gesäugt werden. Flusspferde können ausgezeichnet tauchen, in der Regel zwei bis fünf Minuten, notfalls bis zu 15 Minuten.

Das Aufreißen des riesigen Mauls, das man oft beobachten kann, ist übrigens eine Drohgebärde, kein Gähnen, wie der Laie oft meint. Dann sieht man auch die riesigen Hauer (Eckzähne), die während der ganzen Lebenszeit der Flusspferde nachwachsen.

Jede Herde besitzt auf dem Festland, das an ihr Heimatgewässer grenzt, ein Territorium, das die Tiere abends auf Trampelpfaden zum Äsen aufsuchen. Sie fressen in einer Nacht bis zu 60 Kilogramm. Die Bullen markieren das Territorium auf eine merkwürdige, arttypische Weise: Sie entleeren Harn und Kot an bestimmten Stellen und verstäuben ihre Auscheidungen im Umkreis mit ihrem rasch herumwirbelnden Schwanz.

Dieses Verhalten spielt auch bei den Rivalenkämpfen der Bullen und bei der Paarung eine Rolle. Übrigens geht bei letzterer die Initiative meist von den Weibchen aus. Die Bullen halten sich auch – von der Paarung abgesehen – außerhalb der Weibchenherde auf. Neue Forschungen haben ergeben, dass die Flusspferdemütter ihre Kälber, besonders während der nächtlichen Landgänge, regelrecht erziehen, wobei sie verhältnismäßig rauhe Methoden (Stoßen) anwenden.

Viele Afrikakenner bezeichnen das Flusspferd als das für den Menschen gefährlichste Wild Afrikas. Im Allgemeinen ist es aber friedlich. Natürlich sollte man sich unbedingt von den Trampelpfaden fernhalten, auch untertags, weil sich manche Tiere auch verspätet zur Rückkehr ins Gewässer aufmachen. Bei einer Begegnung auf dem Trampelpfad erfolgt unweigerlich ein Angriff. Auch können Flusspferde, die sich gestört fühlen, mit Leichtigkeit Mokoros und auch Motorboote zum Kentern bringen. Dann können Krokodile die größere Gefahr für die Schwimmenden bilden. Die Pooler und Motorboot-Guides wissen aber diese Gefahren zu vermeiden, so dass man sich ihnen unbesorgt anvertrauen kann.

Die Giraffe

Die Giraffe (*Giraffa camelopardalis*) gehört zur Familie der Giraffen (*Giraffidae*). Außer der Giraffe gehört nur noch eine andere Art dieser Familie an, das Okapi (*Okapia johnstoni*), das den Kongo-Urwald bewohnt.

Der Giraffenbulle ist mit einer Kopfhöhe von 5,5 Metern das höchste Tier der Erde. Allerdings sind die Weibchen ungefähr einen Meter kleiner. Etwa ein Drittel der Gesamthöhe der Giraffen entfällt auf den Hals, der trotz seiner Länge von fast zwei Metern nur ebenso viele Wirbel aufweist, wie die Hälse aller anderen Säugetiere, nämlich sieben. Diese sind allerdings stark verlängert. Die beiden untersten Halswirbel besitzen starke Fortsätze, an denen die kräftige Halsmuskulatur ansetzt.

Die Giraffen sind sogenannte "browser", die die Blätter von den Zweigen der Baumkronen mit ihren sehr beweglichen Lippen und ihrer langen Zunge herauszupfen. Ihr Lieblingsfutter sind die Blätter der Akazien, trotz deren Bewehrung mit langen, spitzen Dornen. So weiden die Giraffen in einer Ebene, die außer ihnen nur noch die Elefanten mit ihren Rüsseln erreichen können. Allerdings benötigen sie täglich zehn bis zwölf Stunden, um satt zu werden. Giraffen sind Wiederkäuer (sh. S. 53,54).

Giraffenbulle, an Akazie äsend.

Im Okavango-Delta sollen 6.000 bis 7.000 Giraffen leben, natürlich nicht in den Sümpfen, sondern in den Savannen der größeren Inseln. Meist trifft man sie in kleinen Gruppen von etwa fünf bis zehn Tieren an. Alte Bullen sind Einzelgänger. Der Passgang ist die typische Gangart der Giraffen: Vorder- und Hinterbein einer Körperseite werden gleichzeitig nach vorne bewegt.

Giraffen haben auf ihrer Stirn kleine Hörner, meist zwei, es können aber auch drei sein, Knochenzapfen, die beim Bullen kahl, bei den Weibchen mit Haut bedeckt sind.

Bisweilen kann man auch einen Rivalenkampf zwischen zwei Bullen beobachten. Dann stehen die beiden Kämpfer eng nebeneinander und versuchen den Hals des Gegners wegzudrücken. Dabei stellen sie fest, wer der Stärkere und da-

mit der Ranghöhere ist. Der Unterlegene schreitet davon und wird meist nur wenige Schritte vom Sieger verfolgt. In aller Regel handelt es sich um einen unblutigen "Halsringkampf".

Die wirksamste Verteidigungswaffe bei Giraffen sind die Hinterbeine, mit denen sie Beutegreifer mit wuchtigen Hufschlägen abwehren. Dies wissen auch die Löwen, die deshalb nur selten Giraffen angreifen.

Giraffen können etwa eine Woche ohne Wasser auskommen. Wenn sie aber an einer Wasserstelle saufen können, dann bis zu 50 Liter auf einmal. Dazu müssen sie die Vorderbeine weit spreitzen, um mit dem Maul das Wasser zu erreichen.

Nach einer Tragzeit von 15 Monaten bringt das Giraffenweibchen in aller Regel nur ein Kalb zur Welt. Das Junge kann schon nach wenigen Stunden laufen. Die Lebenserwartung beträgt in der Wildnis etwa 25 Jahre. In dieser Zeit kann ein Weibchen sechs bis sieben Junge bekommen.

Links: Das Steppenzebra lebt in den Savannen des Deltas in kleineren, von einem Hengst geführten Herden.

Rechts: Warzenschweineber mit seinem Weibchen.

Das Steppenzebra

Das Steppenzebra (*Equus quagga*) gehört zur Familie der Pferde (*Equidae*). Es ist in vier Unterarten einzuteilen und hat sich von Uganda bis nach Südafrika verbreitet. Im nördlichen Okavango-Delta lebt das Chapmanzebra, eine Unterart, die durch eine gelblichweiße Grundfarbe des Fells und bräunliche Schattenstreifen zwischen den braunschwarzen Hauptstreifen gekennzeichnet ist. Die Schulterhöhe beträgt etwa 1,3 m, das Gewicht bis zu 350 kg. Jedes Einzeltier hat ein individuelles Streifenmuster, so wie die Fingerspitzenlinien für jeden Menschen einmalig sind.

Das Steppenzebra lebt in kleinen Herden: Einige Stuten mit ihren Jungtieren, geführt und bewacht von einem starken Hengst. Sie weiden in der Savanne kurze und längere Gräser ab. Häufig sind ihre Herden in der Gegend des Savuti zu beobachten. Junghengste schließen sich zu Junggesellentrupps zusammen. Oft sind die Steppenzebras mit Gnus vergesellschaftet. Die Tragzeit beträgt zwölf Monate, die Lebenserwartung etwa 15 Jahre.

Das Warzenschwein

Das Warzenschwein (*Phacochoerus africanus*, engl. warthog) gehört zur Familie der Schweine (*Suidae*).

Die erwachsenen Eber haben eine Kopfrumpflänge von ungefähr 1,3 Metern, eine Schulterhöhe von etwa 70 cm und ein Gewicht von bis zu 100 kg. Die Weibchen sind etwas kleiner und leichter. Die schiefergraue Haut ist kaum behaart, doch von der Stirn bis zum Kreuz verfügen sie über eine Rückenmähne langer Haare. Der lange Schwanz endet in einer kräftigen Quaste. Während der Flucht wird der Schwanz senkrecht nach oben gehalten, ein Warnsignal für alle Artgenossen.

Der Name "Warzenschwein" rührt von seinen drei Paar Gesichtswarzen her: Am größten sind die Unteraugenwarzen, die beim Eber bis 12 cm lang werden können. Die Voraugenwarzen sind wesentlich kleiner und beim Weibchen kaum ausgebildet. Die Unterkieferwarzen tragen bei beiden Geschlechtern einen Saum weißlicher Borsten. Die Warzen bestehen aus Knorpelgewebe. Ihre Funktion ist unbekannt.

Sehr markant sind auch die Hauer, die halbkreisförmigen Eckzähne, die – auf jeder Seite zwei – aus dem Maul herausragen. Beim Eber können die oberen Hauer bis zu 60 cm lang werden. Sie sind recht wirksame Waffen.

Nach einer Tragzeit von fünfeinhalb Monaten wirft das Weibchen ein bis fünf Junge, und zwar im Kessel der unterirdischen Wohnhöhle. Nach einigen Tagen kommen sie aus dem Bau, bleiben jedoch immer in der Nähe des Höhleneingangs. Danach begleiten sie ihre Mutter bei der Futtersuche.

Die Hauptnahrung des Warzenschweins ist kurzes Gras. Gerne fressen sie auch Wurzeln und Knollen, die sie mit ihren Hauern ausgraben. Beim Grasen zeigen sie oft ein merkwürdiges, art-

Geparden kann man im Delta nur auf den trockenen Steppen und Savannen beobachten, wie auf diesem Bild die beiden Brüder.

typisches Verhalten: Sie lassen sich nämlich auf ihre Handgelenke nieder und rutschen in dieser Stellung vorwärts. Die Handgelenke sind von Schwielen geschützt, die schon embryonal angelegt werden.

Noch ein anderes typisches Verhalten muss erwähnt werden: Beim Aufsuchen ihrer Wohnhöhle drehen sich die Alttiere vor dem Eingang um und schlüpfen rückwärts hinein. So können sie die Umgebung ihres Baus länger beobachten und ein etwa nachfolgendes Raubtier mit ihren Hauern abwehren.

Im Delta bewohnen die Warzenschweine die Savannen der Inseln, die Mopanewälder werden gemieden. Gerne suhlen sie sich am Ufer der Wasserstellen. Dabei nimmt ihre Haut die Farbe des jeweiligen Bodens an. In der Mittagszeit ruhen sie in ihren Wohnhöhlen.

Die Lebenserwartung der Warzenschweine beträgt 15 bis 18 Jahre. Ihre Feinde sind in erster Linie Löwen, Leoparden und Wildhunde.

Der Gepard

Der Gepard (*Acinonyx jubatus*, engl. Cheetah) gehört zur Unterfamilie *Acinonychinae* der Familie der Katzen (*Felidae*).

Der typische Lebensraum des Geparden sind die trockenen Steppen und Savannen, im Okavango-Delta mithin in erster Linie das Moremi-Wildschutzgebiet.

Der Gepard ist das schnellste Landsäugetier unseres Planeten. Er kann bei der Verfolgung eines Beutetiers Spitzengeschwindigkeiten von 90 bis 110 Kilometern entwickeln, wobei er über sieben Meter weite Sprünge macht. Allerdings hält er dieses rasende Tempo nur über verhältnismäßig kurze Strecken von bis zu 200 Metern durch. An seine Beutetiere – im Delta meist Impalas, aber auch Warzenschweine, Hasen und andere kleinere Steppenbewohner – schleicht er sich anfangs äußerst vorsichtig heran, um dann für die letzten 10 bis 50 Meter loszusprinten.

Zum schnellsten Lauftier der Erde befähigen den Gepard seine langen, sehnigen Beine, die in schmalen Pfoten mit Sohlenschwielen und nicht zurückziehbaren Krallen enden, ebenso sein schmaler Körper und mächtige Lungen. Der Gepard ist tagaktiv. Er kann nicht klettern. Da er kein Aas frisst, kehrt er auch nie zu seinem Riss zurück.

Der Gepard ist an sich ein Einzelgänger. Allerdings jagen Brüder bisweilen mehrere Monate gemeinsam.

Die Hauptfeinde des Geparden sind Löwen und Leoparden. Wenn Löwen Gepardenjunge aufstöbern, beißen sie sie in jedem Fall tot, häufig ohne sie dann zu fressen.

Nach einer Tragzeit von drei Monaten gebärt die Gepardin ein bis vier Junge. Sie haben eine wollige Rückenmähne, auf die sich der lateinische Artname – *jubatus* – bezieht. Sie werden etwa ein Jahr lang von ihrer Mutter betreut.

Die Tüpfelhyänen sind kräftige, lautfreudige Beutegreifer.

Die Tüpfelhyäne

Die Tüpfelhyäne (*Crocuta crocuta*, engl. Spotted Hyena) gehört zur Familie der Hyänen (*Hyaenidae*).

Sie ist ein kräftiger Beutegreifer, dessen Rücken deutlich nach hinten abfällt. Das braungraue Fell ist unregelmäßig schwarz getüpfelt (Name!).

Die Tüpfelhyänen leben in kleinen Rudeln, die von einem Weibchen geführt werden. Meist sind sie in der Nacht aktiv. Dann hört man auch ihr typisches Heulen. Dagegen handelt es sich bei dem „Gelächter" nach neuester Forschung um einen Angstruf.

Tüpfelhyänen sind keineswegs nur Aasfresser, wie der Laie oft meint, sie jagen auch alle Beutetiere, die sie überwältigen können. Ihr Gebiss ist ungewöhnlich kräftig. Mit diesem Gebiss können sie auch große Knochen zerknacken. Oft folgen sie Löwen oder Wildhunden, um an deren Riss zu fressen, sobald diese sich gesättigt und

ihre Beute verlassen haben. Dann entwikkelt sich meist ein Konkurrenzkampf mit den Geiern um das Aas.

Der Wurf nach einer Tragzeit von 110 Tagen besteht aus zwei bis sieben, einfarbig schwarzbraun gefärbten Jungen. Sie werden in einer Erdhöhle geboren und hier von ihrer Mutter etwa sechs Wochen lang gesäugt.

Der Schabrackenschakal

Der Schabrackenschakal (*Canis mesomelas*, engl. Black Backed Jackal) gehört zur Familie der Hunde (*Canidae*). Er ist nur etwa 40 cm hoch. Sein Fell ist rötlich-hellbraun mit einem sattelartigen Rückenfleck aus schwarzen und silberweißen Haaren. Die spitze Schnauze, die großen Ohren und der buschige Schwanz erinnern an unseren europäischen Rotfuchs (*Vulpes vulpes*).

Der Schabrackenschakal lebt in lebenslanger Einehe. Seine Nahrung besteht aus Insekten, verschiedensten kleinen Wirbeltieren und bisweilen auch Jungtieren kleinerer Antilopenarten (Impala) sowie Aas.

Den Schabrakenschakal (oben) trifft man im Delta häufiger als den Streifenschakal (unten). Beide Arten sind an ihrer Fellzeichnung leicht zu unterscheiden.

Die Beobachtung des kleinen Löffelhundes und ebenso der Streifenmanguste gehört zu den Höhepunkten einer Deltasafari.

Ein Schabrackenschakalpaar besetzt ein Territorium von ungefähr 250 Hektar Fläche, das es gegen Artgenossen verteidigt. Das Weibchen wirft in einer Erdhöhle fünf bis sieben Junge, die etwa acht Wochen lang gesäugt werden. Sie begleiten dann ihre Eltern und helfen ihnen bei der Aufzucht des nächsten Wurfs durch das Herbeischaffen von Futter. Typisch ist der Ruf: Ein Heulen mit nachfolgendem Bellen.

Im nördlichen Okavango-Delta lebt noch eine andere Schakalart, der Streifenschakal (*Canis adustus*, engl. Sidestriped Jackal). Er hat die gleiche Körpergröße wie der Schabrackenschakal, sein Fell ist graubraun mit weißen Flankenstreifen und einer weißen Schwanzspitze. Seine Schnauze ist stumpfer, die Ohren sind kürzer als die des Schabrackenschakals. In der Lebensweise unterscheidet er sich nicht von diesem, bevorzugt allerdings waldreichere Gebiete.

Der Löffelhund

Der Löffelhund, auch Löffelfuchs genannt (*Otocyon megalotis*, engl. Bat Eared Fox), gehört zur Familie der Hunde (*Canidae*) und zwar zu einer eigenen Unterfamilie, den Löffelfüchsen (*Otocyoninae*).

Er sieht wie ein kleiner Fuchs mit übergroßen Ohren aus. Seine Fellfarbe ist dunkelgrau mit gelblichem oder silberweißem Anflug. Die Läufe sind dunkelbraun, ebenso der buschige Schwanz.

Das Gesicht ist schwarzweiß, die Ohren schwarz gerändert. Die Körperhöhe beträgt nur etwa 35 cm, die Körperlänge etwa 80 cm.

Er zieht trocknere Gebiete mit kurzem Gras vor, im Okavango-Delta u.a. die Savuti-Region. Er lebt paarweise in Dauerehe. Die drei bis vier Jungen je Wurf werden in einer Erdhöhle aufgezogen.

Die Löffelhunde sind dämmerungs- und nachtaktiv.

Sie ernähren sich von Insekten, besonders Heuschrecken und Termiten sowie von diversen Kleintieren, auch von Vogeleiern und Früchten, Knollen und dergleichen. Sie haben ein ganz ausgezeichnetes Gehör. So vermögen sie mit diesem sensiblen Gehör sogar im Boden laufende Termiten zu orten, die sie dann in rasender Eile ausgraben.

Eine Besonderheit ist ihr Gebiss, das über 46 bis 50 Zähne verfügt.

Der Zwergmungo

Der Zwergmungo (*Helogale parvula*, engl. Dwarf Mongoose) gehört zur Familie der Schleichkatzen (*Viverridae*) und zwar zur Unterfamilie der Ichneumons (*Herpestinae*).

Das kleine Raubtier (Körperlänge 35 bis 40 cm, Gewicht 220 bis 350 g) hat ein rötlichbraunes Fell.

Der Zwergmungo lebt in kleinen Gruppen von höchstens 30, im Okavango-Delta meist mit weniger Tieren und einem Leitpaar, das sich allein fortpflanzt. Die Zwergmungos bewohnen eine Erdhöhle und sind tagaktiv. Die Gruppe geht zwar zusammen auf die Jagd nach kleinen wirbellosen Tieren, jedoch jagt jedes Mitglied der Horde für sich.

Im Okavango-Delta gibt es noch zwei weitere Mungoarten: Die Zebramanguste (Banded Mongoose) und die Sumpfmanguste (Water Mongoose).

Die Streifen (Zebra-)Manguste

Die Streifenmanguste (*Mungos mungo*, engl. Banded Mongoose) gehört zur Familie der Schleichkatzen (*Viverridae*) und zwar zur Unterfamilie Ichneumons (*Herpestinae*).

Kennzeichen: Länge 55 cm. Das graubraune Fell hat auf dem Rücken und den Seiten deutliche dunkelbraune Längsstreifen.

Die Streifenmanguste lebt gesellig. Jedes Einzeltier der Gruppe jagt jedoch für sich: Kleine Kriechtiere, Wirbellose aller Art und kleine Vögel. (Lieblingsfutter: Vogeleier).

Die Wohnhöhle befindet sich in Termitenhügeln.

Der Wassermungo

Der Wassermungo (*Atilax paludinosus*, engl. Water Mongoose) gehört zur Familie der Schleichkatzen (*Viverridae*), und zwar zur Unterfamilie der Ichneumons (*Herpestinae*).

Kennzeichen: Der etwa ein Meter lange Wassermungo hat ein dunkelbraunes, zottiges Fell. Er ist vorwiegend nachtaktiv. Seine Beute besteht aus Fischen, Fröschen, Krabben und anderen Wassertieren, die er hauptsächlich in seichten Gewässern jagt.

Die Ginsterkatze

Die Ginsterkatze (*Genetta genetta*, engl. Genet) gehört zur Familie der Schleichkatzen (*Viverridae*) und zur Unterfamilie der Zibetkatzen (*Viverrinae*).

Das schlanke, kurzbeinige Raubtier ist etwa einen Meter lang und 45 cm hoch, der Kopf klein mit langer Schnauze. Das

Links: Der kleine Zwergmungo ist im Delta verhältnismäßig häufig zu sehen.

Rechts oben: Die Horden des Steppenpavians besuchen auch häufig die Camps und Lodges, wo nichts Essbares vor ihnen sicher ist.

Rechts unten: Streifenmanguste

gelblichgraue Fell ist schwarz gefleckt. Der lange Schwanz hat schwarze Ringe und endet mit einer schwarzen Spitze.

Die Ginsterkatze ist ein Einzelgänger und ausschließlich nachts aktiv. Ihre Beutetiere sind die verschiedensten Kleintiere von Insekten bis Vogelnestlingen.

Mit viel Glück kann man sie im Okavango-Delta auf Bäumen oder beim Kreutzen von Pisten beobachten. Bisweilen sucht sie auch die Lodges auf.

Der Steppenpavian

Der Steppenpavian (*Papio cynocephalus*, engl. Baboon) lebt in Horden in der Savanne und Galeriewäldern. Die Horden zählen im Okavango-Delta selten mehr als 20 Tiere, häufig weniger. Die Männchen können etwa einen Meter groß und bis zu 50 kg schwer werden, die Weibchen sind ungefähr um ein Drittel kleiner und leichter.

Das Fell des Steppenpavians ist graubraun, das Gesicht ist unbehaart. Das Gesäß der Weibchen ist nackt und, je nach der hormonellen Kondition des Tiers, mehr oder weniger geschwollen. Die Tragzeit beträgt sechs Monate. Die Jungen reiten gern auf dem Rücken ihrer Mütter.

Männliche Paviane haben ein kräftiges Gebiss, sie sind sehr mutig und angriffslustig. Die Hauptfeinde der Steppenpaviane sind Leopard, Wildhund, Löwe und Python.

Paviane sind Allesfresser, wobei Gras, Kräuter und Früchte einen Hauptbestandteil ihrer Nahrung ausmachen.

Paviane sind sehr lautfreudig: Sie können bellen, grunzen, sogar laut schreien. Oft sieht man ihre Horden im Okavango-Delta mit Impala-Herden vergesellschaftet.

Rechts: Baumhörnchen auf dem Zaungeländer einer Lodge.

Unten: Der Steppenpavian lebt in Horden in der Savanne und in Galeriewäldern.

Ihr bevorzugter Lebensraum sind die Savannenwälder. Ihre Nahrung besteht aus Pflanzen und Kleintieren verschiedenster Art.

Das Baumhörnchen

Das Baumhörnchen (*Paraxerus sp.*, engl. Tree Squirrel) gehört zur Familie der Hörnchen (*Sciuridae*).

Kennzeichen: Länge 35 cm. Das grau- bis gelbbraune Baumhörnchen hat unterseits ein etwas helleres Fell. Der Schwanz ist buschig.

Sein Lebensraum ist der Mopane-Wald. Meist klettert es auf Bäumen, bisweilen läuft es aber auch am Boden. Die Nahrung besteht aus Früchten, allerlei Kleingetier und Vogeleiern.

Der Buschhase

Der Buschhase (*Lepus saxatilis*, engl. Scrub Hare) gehört zur Familie der Hasen (*Leporidae*).

Kennzeichen: Er sieht unserem europäischen Feldhasen recht ähnlich. Das Fell ist graubraun, die Ohren sehr lang, der Schwanz weiß.

Aktiv ist er hauptsächlich in der Dämmerung und nachts.

Er äst vorwiegend Gras, und zwar im Buschland.

Der Buschhase bekommt zwei bis drei Junge jährlich, die – im Gegensatz zum Kaninchen – voll behaart und sehend geboren werden. Hauptfeinde sind Uhu, Leopard und Serval.

Der Steppengalago

Der Steppengalago (*Galago senegalensis*, engl. Bushbaby) gehört zur Familie der Galagos (*Galagidae*) innerhalb der Primaten.

Kennzeichen: Das winzige Tier ist nur etwa 35 cm lang und zwar einschließlich des 20 cm langen, buschigen Schwanzes. Das wollige Fell ist graubraun. Auffällig sind die großen, nackten Ohren und die großen Augen, die in der Nacht gleichsam

Die Grüne Meerkatze

Die Grüne Meerkatze (*Cercopithecus aethiops*, engl. Vervet Monkey) ist etwa katzengroß mit langen Armen und Beinen und einem sehr langen Schwanz. Das Fell ist gelbbraun mit einem olivgrünen Schimmer. Das schwarze Gesicht hat eine weiße Stirnbinde und einen weißlichen Backenbart.

Der Name "Meerkatze" kommt aus dem Indischen: "Markata" ist im Indischen die Bezeichnung für den Rhesusaffen.

Im Okavango-Delta lebt die Grüne Meerkatze in Horden bis zu 20 Tieren (meist weniger), die aus Weibchen, Jungtieren und einem oder mehreren alten Männchen zusammengesetzt sind. Die Hoden der erwachsenen Männchen sind bläulich gefärbt.

Die Meerkatzen sind sehr neugierig und besuchen deshalb auch häufig die Lodges und Camps. Sie bewegen sich auf dem Boden und gleichermaßen auch auf Bäumen. Sie können sehr gut schwimmen und klettern. Bei Gefahr klettern sie auf Bäume, in deren Geäst sie auch schlafen.

glühend leuchten. Die Schnauze ist fuchs-
ähnlich spitz. Daumen und Großzehe
sind gegenständig. Die langen, schlanken
Finger und Zehen besitzen an den Enden
sogenannte "Haftbeeren", also verbreiter-
te, dicke Kuppen.

Wegen seiner lauten Rufe, die an
Kindergeschrei erinnern, haben die Eng-
länder dem Galago den Namen
"Bushbaby" gegeben.

Es ist ausschließlich nachts aktiv, den
Tag verbringt es schlafend in einem Nest,
das es auf Bäumen baut.

Die Nahrung besteht aus Insekten und
verschiedenen Pflanzenteilen.

Alfred Brehm hat über das Bushbaby
folgendes geschrieben: "Fernsichtig wie
ein Luchs, feinhörig wie eine Fledermaus,
scharfspürig wie ein Fuchs...."

Bei nächtlichen Safaris kann man das
Bushbaby im Okavango-Delta antreffen,
vorausgesetzt, man hat einen erfahrenen
Guide.

*Oben: Die Pferdeantilope ist eine der
schönsten und zugleich seltensten
Antilopen überhaupt.*

*Rechts: Eine Gruppe von weiblichen
Kuduantilopen ruht während der
Mittagszeit in einem Savannenwäldchen.*

Die Pferdeantilope
Die Pferdeantilope (*Hippotragus
equinus*, engl. Roan Antelope) gehört zur
Familie der Rinder (*Bovidae*) und in die-
ser Familie zur Unterfamilie Pferdeböcke
(*Hippotraginae*).

Kennzeichen: Männchen und Weibchen ähneln sich sehr und tragen Hörner,
die Weibchen etwas schwächere.

Die Pferdeantilope bewohnt die Savan-
ne, in der sie die schattigen Wäldchen zur
Mittagsruhe aufsucht. Eine typische
Herde besteht aus vier bis zwanzig Weib-
chen mit ihren Jungen und einem alten
Männchen. Eine Roan-Herde weidet in

einem etwa 80 km² großen Gebiet. Sie kehrt täglich einmal zu ihrer Wasserstelle zurück. Bevorzugt geäst werden Gräser von mittlerer und kurzer Länge. Der wichtigste Nahrungskonkurrent ist deshalb das Zebra, das Gräser der gleichen Länge abweidet.

Die jungen Männchen schließen sich zu Junggesellengruppen zusammen.

Die Weibchen bringen nach einer Tragzeit von ungefähr 275 Tagen in der Regel alljährlich ein Kalb zur Welt.

Im Okavango-Delta kann man die Pferdeantilope besonders in der Savuti-Region beobachten.

Sie gehört zu den besonders gefährdeten Tierarten (CITES-Kategorie II).

Der Große Kudu

Der Große Kudu (*Tragelaphus strepsiceros*) ist die größte im Okavango-Delta vorkommende Antilopenart.

Kennzeichen: Sein Fell ist braungrau, auf dem Rumpf führen sechs bis acht weiße Streifen vom Rücken zum Bauch. Die Bullen erreichen eine Widerristhöhe von 1,5 m, ein Gewicht von 250 kg und tragen prächtige Hörner, die sich in zweieinhalb Windungen um die Längsachse schrauben. Die Weibchen sind etwas kleiner und leichter. Der Kudu bewohnt den trockenen Buschwald, wie er zum Beispiel um die Shinde Island Lodge vorkommt, in kleinen Herden (meist fünf bis zwölf Tiere). Als Nahrung bevorzugt er das Laub von Akazien. Untertags hält sich der Kudu in dichten Waldinseln der Savanne auf, gegen Abend beginnt er zu äsen. Er kann lange ohne Wasser auskommen. Sein Sehvermögen ist nicht besonders gut, Geruchs- und Gehörsinn sind jedoch hervorragend. Der Große Kudu ist ein ausgesprochenes Fluchttier. Während der Flucht kann er sogar Zäune (sh. S. 14,15) von 2,5 Metern Höhe überspringen. Nach einer Tragzeit von etwa sieben Monaten wird im Februar/März ein Kalb geboren. Die Lebenserwartung beläuft sich auf etwa acht Jahre.

Die Leierantilope

Die Leierantilope (*Damaliscus lunatus*), auch Tsessebe genannt, ist die zweitgröß-te Antilope des Deltas.

Kennzeichen: Sie lebt in kleinen ge-mischten Herden in der Savanne. Beide Geschlechter tragen Hörner. Die Tsessebe ist stark überbaut, das heißt der Rücken fällt deutlich nach hinten ab. Das Fell ist rot- bis kastanienbraun und am Kopf schwärzlich gefärbt. Seh-, Hör-und Riechsinn sind sehr gut.

Die Tsessebe äst Gras und Kräuter. Sie kann lange ohne Wasser auskommen. Bisweilen stellen die Herden einen Wäch-ter auf, der auf einem Termitenhügel oder einer anderen Erhebung stehend nach et-waigen Feinden (Löwe, Leopard, Gepard, Hyäne) Ausschau hält und bei deren

Links: Das Streifen- oder Schwarz-schwanzgnu (sh. S. 77) wird vom Laien häufig für eine Rinderart gehalten. Es ist aber eine der größten Antilopenarten.

Rechts: Der Rote Litchi (sh. S. 78) und die Schwarzfersenantilope (Impala) sind die beiden häufigsten Antilopenarten des Deltas. Das Foto eines Bocks zeigt das typische Gehörn des männlichen Roten Litchi, die schwarzen Fellstreifen auf der Vorderseite der Vorderbeine und den leicht überbauten Hinterrücken.

Nahen die Herde warnt. Die Tsessebe gilt als die schnellste aller Antilopen. Im Okavango-Delta werden die Kälber im November/Dezember geboren. Die Le-benserwartung beträgt 12 bis 15 Jahre.

Das Streifengnu

Das Streifengnu (*Connochaetes taurinus*, engl. Blue Wildebeest) ist eine der größten Antilopenarten.

Kennzeichen: Die Schulterhöhe der erwachsenen Männchen beträgt etwa 150 cm, ihr Gewicht ungefähr 250 kg. Die Weibchen sind etwas kleiner und leichter.

Die Körperfarbe ist ein dunkles blaugrau mit schwärzlichen Querstreifen. Die Stirn der Bullen ist tiefschwarz, ebenso die Mähne, der Bart und der Schweif. Die Kälber sind bei der Geburt rostrot. Diese Tönung kennzeichnet auch die Stirn der Weibchen. Beide Geschlechter tragen Hörner, durchschnittlich etwa 40 cm lang, die der Weibchen sind etwas kürzer und schwächer.

Nach einer Tragzeit von ungefähr achteinhalb Monaten wird ein Kalb geboren. Interessant ist, dass alle Weibchen einer Herde ihre Kälber fast zur gleichen Zeit, jedenfalls innerhalb weniger Wochen zur Welt bringen. Die Kälber vermögen schon nach fünf bis zehn Minuten mit der Herde zu rennen.

Das Streifengnu lebt in kleineren oder größeren (bis zu etwa 40 Tieren) Herden, die aus den Weibchen, ihren Kälbern und Jungbullen bestehen. Diese werden im Alter von etwa zwei Jahren aus der Herde vertrieben und schließen sich dann zu Junggesellengruppen zusammen. Die alten Bullen sind Einzelgänger, die sich oft Zebraherden anschließen. Sie grenzen für sich durch Harnen und Koten bestimmte Territorien ab, die sie gegen andere Bullen verteidigen. Die Lebenserwartung beträgt etwa 18 Jahre.

Die Streifengnus äsen nur kurzes Gras, bis etwa 10 cm Höhe ab, sie weiden hauptsächlich in den Morgenstunden und am späten Nachmittag. Das Streifengnu ist, wie alle Antilopen, ein Wiederkäuer (sh. S. 53,54).

Jeder Tierfreund wird schon von den Wanderungen des Streifengnus in der Serengeti gehört haben, bei denen Hunderttausende von Gnus auf dem Weg sind.

Auch die Gnus von Botswana haben früher jahreszeitliche Wanderungen durchgeführt, bis ihnen die Veterinärzäune die Wege versperrt haben (sh. S. 15). Kürzere Wanderungen führen viele Gnuherden im Delta auch heute noch durch.

Der Rote Litschi

Der rote Litschi (*Kobus leche*) ist eine etwa rehgroße Antilope, die zur Familie der Hornträger (*Bovidae*) und zur Unterfamilie der Pferdeböcke (*Hippotraginae*) gehört, zu der etwa 24 Antilopenarten zählen.

Kennzeichen: Nur die Männchen tragen schlanke, zunächst nach hinten und an den Enden nach vorne gebogene Hörner, die auf ihrer Vorderseite hübsch geringelt sind und bis zu 90 cm lang werden können. Das Fell des Litschi ist rötlichbraun. Die Vorderseite der Vorderbeine ist schwarz gestreift.

Die Litschi leben in unterschiedlich großen Herden, in denen Böcke, Weibchen und Junge gemischt sind. Immer halten sie sich in den Überschwemmungsgebieten auf, meist weiden sie im Randbereich der Sümpfe, oft auch in seichtem Wasser. Dabei kommen ihnen ihre weit gespreizten Hufe zugute. Auf der Flucht vor ihren Feinden (Löwe, Leopard, Hyäne, Wildhund) flüchten sie ins Wasser, in das ihnen die Beutegreifer nur sehr selten folgen. Sie können auch ausgezeichnet schwimmen.

Die Jungen werden – im Okavango-Delta meist zwischen Dezember und März – nach einer Tragzeit von etwa acht Monaten auf dem trockenen Land geboren und dort für ungefähr eine Woche im hohen Gras "abgelegt", wie der Fachausdruck heißt.

Oben: Grasende Herde der Schwarzfersenantilope.

Rechts: Das Bild der Impalaböcke zeigt deutlich die schwarzen Haarbüschel an den Fußgelenken der Hinterbeine und die schwarzen, den Spiegel begrenzenden Haarstreifen.

Die Gesamtpopulation des Roten Litschi im Okavango-Delta wird auf etwa 30.000 (2002) geschätzt. Der Litschi ist in großen Teilen des Deltas dasjenige Wild, das der Safariteilnehmer am häufigsten sieht.

Die Schwarzfersenantilope

Die Schwarzfersenantilope oder Impala (*Aepyceros melampus*) ist – nach der Roten Litschi – die häufigste Antilopenart des Deltas.

Kennzeichen: Die gut rehgroße Impala (Schulterhöhe etwa 95 cm, Gewicht etwa 70 kg) hat ein kastanienbraunes Fell und Büschel schwarzer Haare an den Fußgelenken der Hinterbeine. Der Spiegel ist mit zwei schwarzen Haarstreifen eingegrenzt.

Nur die Böcke sind gehörnt. Die Impalas sehen nicht sehr gut, hören und riechen aber ausgezeichnet.

Als Lebensraum bevorzugen die Impalas lichtes Buschland, wo sie Gras und Kräuter, jedoch weniger Blätter äsen. In der Trockenzeit äsen sie aber auch im

Oben: Die Tsessebe ist im Delta ziemlich häufig, oft mit Herden des Roten Litchi vergesellschaftet.

Rechts: Der Kronenducker - auf dem Bild ein Weibchen - ist die kleinste Antilope des Deltas.

dichten Gebüsch. Die gemischten Herden – oft bis 40 Tiere zählend – werden von einem starken Bock geführt. Die Böcke grenzen ihre Territorien gegen Konkurrenten, notfalls auch durch heftige Kämpfe, ab. Jungböcke schließen sich zu eigenen Rudeln zusammen.

Bei drohender Gefahr entwickeln die Impalas ein Tempo von etwa 60 Stundenkilometern. Dabei springen sie über drei Meter hoch und bis zu 12 Meter weit und zwar in alle Richtungen. Dadurch werden Beutegreifer (Löwe, Leopard) verwirrt und können sich nur schwer auf ein Beutetier konzentrieren.

Nach einer Tragzeit von sechseinhalb Monaten wird ein Junges geboren, im Delta zu Beginn der Regenzeit (November).

Zur Geburt sondert sich das trächtige Weibchen von der Herde ab und sucht ein Dickicht auf. Bevorzugte Geburtszeit sind die Stunden zwischen zehn Uhr vormittags und zwei Uhr nachmittags, also die heißeste Tageszeit, während der die Beutegreifer inaktiv sind. Nach der Geburt frisst die Mutter sofort die Nachgeburt, leckt alle Geburtsflüssigkeiten auf und ihr Lamm trocken, um alle verdächtigen Gerüche zu beseitigen. Nach ein bis zwei Tagen schließt sie sich dann mit ihrem Jungen wieder der Herde an.

Die Weibchen einer Impalaherde bringen ihre Jungen alle innerhalb weniger Wochen zur Welt, was sicherlich die Überlebensrate der Kälbchen insgesamt erhöht. Die Impala hat zwei besondere Verhaltensweisen: Sie ist die kleinste Antilopenart, die Maden- (besser Zeckenhacker) toleriert. Diese hoch spezialisierten Vögel beseitigen viele der lästigen blutsaugenden Hautparasiten, die andernfalls die Antilope durch den Blutverlust schwächen und dadurch für Krankheiten anfälliger machen würden.

Die Zecken setzen sich vorzugsweise im Kopfbereich, besonders auch an den Ohren ihrer „Gasttiere" fest, wo sie von diesen selbst nicht erreicht werden können. Die Schwarzfersenantilope ist, soweit heute bekannt, die einzige Huftierart, deren Angehörige sich gegenseitig am Kopf und am Hals schuppern. Dazu dienen ihnen ihre Schneide- und Eckzähne, die zusammen eine Art von Striegel bilden, mit dem sie sich gegenseitig von den Zecken im Kopf- und Halsbereich befreien.

Der Tiermediziner und Ökologe Dr. Andrew McKenzie, dem wir diese Beobachtungen verdanken, glaubt außerdem, dass die beiden schwarzen Haarstreifen am Spiegel auch bei der Abwehr der Zecken eine besondere Rolle spielen. Die Impalas wedeln ständig mit ihrem Schwanz und treiben so die Zecken zu den schwarzen Haarstreifen hin (schwarzes Haar erwärmt sich auch schneller als weißes). Diese schwarzen Haarstreifen sind die äußersten Körperstellen, die das Impala mit seinem Maul erreichen kann.

Die Schwarzfersenantilope ist die bevorzugte Beute von Löwe, Gepard, Wildhund und Hyäne und ganz besonders auch des Leoparden, da sie leicht genug ist, um auf einen Baum geschleppt werden zu können. Die Impalakälber werden auch von Pavianen, Schakalen, Pythons und Adlern gejagt. Trotz der vielen Feinde beträgt die jährliche Vermehrungsrate der Impalapopulationen 25 bis 35 Prozent. Zum Vergleich: Beim Kudu und Gnu sind es nur 20 bis 30, beim Zebra nur 10 bis 20 Prozent.

Meist halten die Safari-Guides bei Impalaherden nur kurz. Eine längere Beobachtung würde sich aber durchaus lohnen.

Der Ellipsen-Wasserbock

Der Ellipsen-Wasserbock (*Kobus ellipsiprymnus*) hat ein dunkelbraunes, ziemlich langhaariges Fell. Seinen Namen hat er von einem weißen Haarstreifen, der seinen Spiegel (die Hinterbacken) umrahmt.

Kennzeichen: Nur die Männchen, die bis zu 1,3 m Schulterhöhe und etwa 250 kg Gewicht erreichen, sind gehörnt.

Der Ellipsen-Wasserbock lebt in kleinen Rudeln stets in der Nähe von Gewässern, in die er bei Gefahr auch flüchtet. Die großen Beutegreifer verschonen den Wasserbock meist, da sein Fleisch zäh ist und nach Moschus riecht. Der Wasserbock wird etwa 15 Jahre alt.

Der Kronenducker

Der Kronen- oder Steppenducker (*Cephalophus grimmia*, engl. Common Duiker oder Steenbok) gehört zur Unterfamilie der Ducker (*Cephalophinae*).

Kennzeichen: Diese Zwergantilope wird nur etwa 50 cm hoch und ungefähr 10 kg schwer. Das Fell ist rötlich-braun, am Bauch weiß. Auffällig sind die großen runden Ohren. Die Männchen haben etwa 10 cm lange Hörner.

Der Ducker bevorzugt das Buschdickicht als Lebensraum. Dort äst er Gras, Laub, Früchte, frisst aber auch Kleintiere. Bei Gefahr schleicht er sich mit gesenktem Kopf davon. Darauf bezieht sich der von den Buren eingeführte Name.

Meist tritt der Ducker paarweise auf. Die Lebenserwartung beträgt ungefähr zwölf Jahre.

Die Sumpfantilope oder Sitatunga

Die Sumpfantilope (*Tragelaphus spekei*, engl. Sitatunga) lebt in den Papyrusdickichten und den Waldinseln der weiten Sumpfgebiete besonders im nördlichen Okavango-Delta.

Kennzeichen: Sie ist etwa 90 cm hoch und standorttreu.

Die Männchen tragen spiralig gedrehte Hörner, ihr Fell ist zottig und hellbraun. Das Fell der Weibchen ist rotbraun gefärbt mit weißen Streifen und Flecken auf den Flanken.

Der Sitatunga äst hauptsächlich Wasser- und Sumpfpflanzen. Seine Füße sind besonders an die Lebensweise im Sumpf und dessen nachgiebigem Boden angepasst: Die Hufe sind stark verlängert, schlank und spitz. Die Zehen sind sehr beweglich, die mittleren können so weit auseinandergespreizt werden, dass ihr unterer Teil beim Laufen auf dem Boden aufliegt und die Afterhufe den Boden berühren. So wird ein Einsinken weitgehend verhindert.

Bei Gefahr flüchtet der Sitatunga meist ins Wasser, in dem er so weit untertaucht, dass nur noch die Nasenspitze über die Wasseroberfläche hinausragt. Als Feinde kommen hauptsächlich Leoparden, Krokodile und der Python in Frage.

Der Sitatunga lebt ausgesprochen heimlich. Es ist ein großes Glück, ihn auf einer Delta-Safari beobachten zu können.

Reptilien und Amphibien

Das Nilkrokodil

Das Nilkrokodil (*Crocodilus niloticus*, engl. crocodile) gehört zur Familie der Echten Krokodile, die 13 Arten in den tropischen und subtropischen Ländern der Erde umfasst.

Im Okavango-Delta haben ursprünglich etwa 50.000 Krokodile gelebt. Durch intensive Bejagung in den 50er und 60er Jahren wurden sie bis auf etwa 10.000 Tiere dezimiert. Seit dem Jahre 1975 stehen sie in ganz Botswana unter Schutz. Die Population im Okavango-Delta hat sich seither erholt.

Das Krokodil erinnert den Laien an Saurier, insbesondere durch seine Körperbedeckung: Verknöcherte Hornplatten sind in die Haut eingebettet, auf dem Kopf sind sie fest mit dem Schädel verwachsen. Darauf bezieht sich auch der deutsche Name „Panzerechse".

Das Nilkrokodil ist dämmerungs- und nachtaktiv. Am Tag ruht es meist im seichten Wasser in Ufernähe oder auf Sandbänken. Deshalb sollte man, wenn man im Delta zu Fuß unterwegs ist, sich möglichst etwa sechs Meter vom Ufer fernhalten und bei der Rückkehr zum Mokoro oder Motorboot besonders vorsichtig sein.

Junge Krokodile jagen im Uferbereich nach Fröschen, Würmern, Insekten, eben Kleintieren aller Art. Die älteren Tiere jagen dagegen nur noch im Wasser – Fische und Wasservögel – oder vom Wasser aus. Dabei sind Tiere, die zur Tränke an den Uferrand kommen, ihre Hauptbeute: Antilopen aller Art, Zebras, Warzenschweine und sogar Büffel.

Dieses sich am Ufer sonnende Krokodil ist etwa fünf Meter lang.

Das Krokodil beobachtet vom Wasser aus das Geschehen am Ufer. Hat es ein Beutetier erspäht, so schwimmt es zunächst lautlos zum Ufer hin, um im letzten Augenblick aus dem Wasser herauszuschnellen, die Beute zu packen, unter Wasser zu ziehen und zu ertränken. Das Gebiss des Krokodils eignet sich aber nur zum Packen und Festhalten der Beute, nicht zum Zerkleinern. Deshalb dreht sich das Krokodil mit seiner Beute im Rachen schnell, oft mehrmals, um die eigene Längsachse. Bei diesem Manöver wird dann ein Fleischstück aus dem toten Tier herausgerissen, das die richtige Größe zum Hinunterschlucken hat. Untereinander sind die Nilkrokodile übrigens recht verträglich. Oft sieht man mehrere Tiere an einer Beute versammelt.

Das Krokodilweibchen legt etwa 30 weiße, hartschalige Eier, die ungefähr so groß wie Gänseeier sind und vergräbt sie in Ufernähe etwa einen halben Meter tief in der Erde. Es bewacht sein Nest vor

Fressfeinden wie Pavianen, Nilwaran und Marabu. Nach etwa 90 Tagen schlüpfen die jungen Krokodile aus den Eiern, was sie durch quakende Laute ankündigen. Dann gräbt die Mutter die Eier wieder aus. Andernfalls könnten sich die Jungen nicht durch die schwere feuchte Erde durcharbeiten. Die Mutter nimmt ihre Jungen ganz vorsichtig ins Maul, zum Teil mehrere auf einmal und trägt sie ins Wasser. Dort jagen sie selbständig kleine Beutetiere und werden noch eine zeitlang von ihrer Mutter bewacht.

Das Nilkrokodil kann bis etwa 6 m lang, bis zu 700 kg schwer und bis zu 50 Jahre alt werden.

Der Nilwaran

Der Nilwaran (*Varanus niloticus*, engl. Monitor) gehört zur Reptilienfamilie Warane (*Varanidae*).

Kennzeichen: Die mächtige Echse wird bis zu zwei Meter lang. Ihr Rücken ist graubraun mit helleren Flecken, die Bauchseite gelblich mit dunklen Flecken.

Der Nilwaran erinnert in seinem ganzen Aussehen an den Drachen unserer Sagen: Kopf und Hals sind lang, der Rumpf massig, der Schwanz lang und dick, die Beine kräftig mit großen, scharfen Krallen. Die Zunge ist sehr lang und gespalten, sie kann weit aus dem Maul herausgestreckt werden.

Der Nilwaran lebt in den Wäldern der Savanne, auch in den Galeriewäldern der Flussufer. Er kann auch auf Bäume klettern. Er ernährt sich vorzugsweise von den Eiern und Jungvögeln der bodenbrütenden Vogelarten, aber auch von Kleintieren aller Art und von Aas.

Rechts: Der junge Riedfrosch klammert sich auf einem Binsenstängel fest.

Links: Dieser Nilwaran sucht gerade seine Höhle in einer Uferwand auf.

Sein Gelege besteht aus bis zu 30 weich-schaligen Eiern. Das Gelege bringt er meist in einer von ihm selbst gegrabenen Höhle unter. Bisweilen benützt er dazu auch Termitenhügel.

Die Riedfrösche

Die nur höchstens drei Zentimeter langen Riedfrösche (*Hyperolius sp.*) bewohnen zu vielen Tausenden die Lagunen und Überschwemmungsgebiete des Deltas. Die Jungtiere sind olivgrün gefärbt. Die Hautfarbe der erwachsenen Tiere

wechselt je nach Sonnenstrahlung, je nach Luftfeuchte, Temperatur und Erregungs-zustand in eine weißliche Grundfarbe mit roten bis schwarzen Farbflecken. Daher auch der englische Name: Painted Reedfrog.

Haftscheiben an den Zehenspitzen er-möglichen es den Riedfröschen, sich auf den glatten Binsenstängeln und Schilf-blättern festzuklammern. In der Dämme-rung beginnen die Männchen mit einem lauten, scharfen Ruf, der dem von Grillen ähnelt und bis zur Morgendämmerung fortgesetzt wird.

Vögel

Der Südafrikanische Strauß

Der Südafrikanische Strauß (*Struthio camelus australis*, engl. Ostrich) ist ein typischer Bewohner der Savanne. Im Okavango-Delta trifft man ihn daher vorzugsweise in der Savuti-Region an.

Kennzeichen: Der Strauß ist der größte Vogel unserer heutigen Tierwelt, ein typischer Laufvogel mit einer durchschnittlichen Körperhöhe von 2 m und einem Gewicht von 70 bis 120 kg.

Das Gefieder des Männchens ist schwarz, abgesehen von den weißen Schmuckfedern der Flügel, die bis zum Ende des Zweiten Weltkriegs ein begehrter Damenhutschmuck in Europa und den USA waren. Die Schwanzfedern sind rötlich gefärbt. Das Gefieder der Weibchen und der Jungvögel ist graubraun.

Der Strauß ist ein typischer Allesfresser. Den größten Teil seiner Nahrung bilden Pflanzenteile: Blätter, Knospen, Samen. Aber er frisst auch Kleintiere aller Art: Insekten, Spinnen, Eidechsen und kleine Nagetiere wie Mäuse.

Zu Beginn der Brutzeit, die sich nach dem jahreszeitlichen Nahrungsangebot richtet und deshalb nicht völlig festliegt, grenzt der Hahn ein bestimmtes Gebiet ab, das er regelmäßig abpatrouilliert und dabei Rivalen vertreibt. In seinem Territorium scharrt er mehrere flache Nestmulden in den Boden, die bis zu drei Meter Durchmesser haben können. Nach Balz und Paarung wählt die Haupthenne eine der vom Hahn vorbereiteten Nestmulden aus und legt dann jeden zweiten Tag ein Ei hinein, insgesamt bis zu zwölf. Die Eier sind 13 bis 16 cm lang und wiegen bis zu 1,5 kg.

Rechts: Der Afrikanische Fischadler ist im Delta häufig, auch auf der Jagd nach Fischen zu beobachten.

Unten: Der Strauß kommt im Delta nur in den Savannen vor.

Der Hahn hat eine bis drei sogenannte Nebenhennen, mit denen er sich ebenfalls wie mit seiner Haupthenne paart. Die Nebenhennen legen ihre Eier, meist nur drei bis vier, ebenfalls in das Nest, beteiligen sich aber nicht beim Brüten. Dieses obliegt gewöhnlich während des Tags der Haupthenne und während der Nacht dem Hahn. Es wurden aber bisweilen auch schon am Tag auf dem Gelege sitzende Hähne beobachtet.

Die Küken schlüpfen nach sechswöchiger Brutzeit, können nach kurzer Zeit laufen und selbst Futter suchen. Sie werden im Alter von vier bis fünf Jahren geschlechtsreif. Die Lebenserwartung beträgt etwa 40 Jahre.

Nach dem Schlüpfen der Küken streift die Familie in ihrem Wohngebiet umher und zwar unter Führung der Haupthenne.

Strauße sind sehr wachsam, ihre Kopfhöhe von etwa zwei Metern und ihr sehr guter Geruchssinn lassen sie etwaige Feinde schon aus großer Entfernung wahrnehmen. Mit ihren langen muskulösen Beinen können sie Geschwindigkeiten von bis zu 70 Stundenkilometern erreichen, wobei sie auf der Flucht vor Beutegreifern auch noch Haken schlagen können. Sie haben übrigens nur zwei Zehen, die Hauptzehe ist mit einer kräftigen Kralle bewehrt, eine sehr wirksame Waffe.

Erwachsene Strauße haben in der Wildnis – außer dem Menschen – keine Feinde. Die Eier und Küken sind aber von Schakalen und Hyänen sehr begehrt, so dass höchstens die Hälfte der Küken eines Geleges erwachsen wird.

Der Afrikanische Fischadler

Der Afrikanische Fischadler, auch Schreiseeadler genannt (*Haliaetus vocifer*, engl. African Fish Eagle) ist 60 bis 70 cm groß.

Kennzeichen: Kopf, Brust, Rücken und Schwanz sind schneeweiß, Bauch und Schultern braun, die Flügel schwarz. Jungadler sind graubraun und weiß gescheckt.

Der Afrikanische Fischadler hält sich stets paarweise in Gewässernähe auf. Seinen großen aus Zweigen bestehenden Horst baut er in der Krone von Uferbäumen. Das Gelege besteht gewöhnlich aus zwei Eiern, die das Weibchen allein ausbrütet. Nach 48 Tagen schlüpfen die Jungen, die bis zum Flüggewerden etwa 60 Tage brauchen.

Die Nahrung besteht aus Fischen, kleinen Nagetieren, jungen Wasservögeln und auch Aas. Im pfeilschnellen Sturzflug ergreift er die Fische, keineswegs nur kranke, aus dem Gewässer.

Sehr charakteristisch ist sein Ruf: Ein lautes, weithin schallendes "kyow, kow, kow". Für den Verfasser dieses Textes ist der Schreiseeadler das Sinnbild der afrikanischen Tierwelt schlechthin, wie der Baobab für die Pflanzenwelt.

Schreiseeadler und Baobab – das ist Afrika.

Der Gaukler

Der Gaukler (*Terathopius ecaudatus*, engl. Bateleur) gehört zur Unterfamilie der Schlangenadler.

Kennzeichen: Etwa 60 cm lang. Sehr schmale Flügel, sehr kurzer Schwanz. Das Gefieder an Kopf, Hals, Flügeln und Unterseite ist schwarz und auf dem Rücken rotbraun. Die nackte Gesichtshaut, der Schnabelansatz und die Füße sind rot.

Der Gaukler ist ein ausgezeichneter Flugkünstler.

Seine Nahrung besteht aus Kriechtieren (auch Schlangen), kleinen Säugetieren und Aas.

Der Horst, aus Zweigen gebaut, steht gewöhnlich in der Krone hoher Bäume. Das eine Ei ist weiß, bisweilen rot gepunktet. Das Weibchen brütet etwa sieben Wochen, das Junge wird erst nach etwa vier Monaten flügge.

Der Raubadler ist etwa so groß wie der europäische Mäusebussard.

Der Raubadler

Der Raubadler (*Aquila rapax*, engl. Tawny Eagle) gehört zur Unterfamilie der Bussarde.

Kennzeichen: Länge etwa 70 cm. Das Gefieder ist meist gelbbraun, manchmal auch rotbraun. Der Schnabel ist gelb.

Der Raubadler bewohnt die Savanne.

Er jagt Hasen, kleine Antilopen, Erdhörnchen, Kriechtiere, Singvögel, nimmt aber auch Aas.

Der Horst, eine große Plattform aus Zweigen mit Gras und Blättern in der Nestmulde wird auf hohen Bäumen gebaut. Das Gelege besteht gewöhnlich aus zwei weißen Eiern.

Der Gelbschnabelmilan

Der Gelbschnabelmilan (*Milvus aegyptius*, engl. Yellow-billed Kite) gehört in der Familie der Greife (*Accipitridae*) zur Unterfamilie der Milane (*Milvinae*).

Kennzeichen: Länge 56 cm. Das Gefieder ist dunkelbraun. Schnabel, Nasenhaut und Beine sind gelb, die Augen braun. Er besitzt einen breiten Schwanz mit einem dreieckigem Ende.

Der Gelbschnabelmilan ist ein häufiger Greifvogel im Delta, den man in der Luft segelnd oder aufgebäumt beobachten kann.

Seine Nahrung besteht aus kleinen Säugetieren und Vögeln, Kriechtieren, Lurchen und Insekten, besonders auch Termiten.

Der Horst, aus Zweigen gebaut, wird in hohen Bäumen angelegt. Die zwei bis drei

weißen Eier werden von beiden Eltern in sechs Wochen ausgebrütet. Die Jungen werden nach weiteren sechs Wochen flügge.

Der Weißrückengeier

Der Weißrückengeier (*Gyps africanus*, engl. White-backed Vulture) gehört zur Unterfamilie der Altweltgeier (*Aegypiinae*).

Kennzeichen: 95 cm lang. Er besitzt ein fahlbraunes Federkleid. Der weiße Rükken ist nur im Flug sichtbar (fehlt den Jungtieren). Die nackte Haut des Kopfes und des langen Halses ist dunkelgrau, der Schnabel und die Beine schwarz.

Der Weißrückengeier ist der häufigste Geier in der tropischen Savanne. In großer Höhe kreist er auf der Suche nach Aas. An diesem Aas versammelt sich bald eine große Zahl von Artgenossen. Zuerst hacken sie die Augen und das Maul des toten Tieres aus, dann dringen sie mit Kopf und Hals in dessen Körperöffnungen ein.

Das aus Zweigen geflochtene Nest wird in der Krone hoher Bäume gebaut, meist befinden sich nur zwei bis drei Nester auf

Oben: Meist sieht man die Weißrückengeier nur in der Luft kreisend. Am Aas sind sie nicht scheu.

Mitte: Den Sekretär kann man wegen seiner eigentümlichen Gestalt nicht verwechseln.

Rechts: Gelbschnabelstorch und Marabu (S. 92) brüten oft in gemeinsamen Kolonien.

einem Baum. Das einzige, weiße Ei wird vom Männchen und Weibchen abwechselnd bebrütet.

Der Sekretär

Der Sekretär (*Sagittarius serpentarius*, engl. Secretary Bird) ist die einzige Art der Familie Sekretäre (*Sagittariidae*), die zu den Taggreifvögeln gehört.

Kennzeichen: Länge etwa 1,4 m. Das Gefieder ist grau, unterseits heller. Am Hinterkopf besitzt der Sekretär lange schwarze Schmuckfedern, von denen die beiden mittleren gerade zum Rücken zeigen. Sie erinnern an die Schreibfedern, die sich die Sekretäre und Schreiber im Mittelalter über die Ohren klemmten, daher auch der Name! Hals und Beine sind sehr lang, Gesicht und Beine rötlich. Die mittleren Schwanzfedern sind stark und bis zu 60 cm verlängert. Männchen und Weibchen sind gleich gefärbt.

Der Sekretär ist ein typischer Laufvogel der Savanne.

Seine Nahrung besteht aus Insekten, Eidechsen, kleinen Nagetieren und Schlangen. Letztere tötet er mit heftigen Fußtritten, wobei er die Flügel als Schutzschild ausspreizt. Bei Gefahr flüchtet er zunächst zu Fuß, bis er sich endlich für das Fliegen entscheidet.

Das Nest wird aus Zweigen auf mittelgroßen Bäumen gebaut und oft mehrere Jahre lang benützt. Die zwei bis drei weißen, bisweilen braungefleckten Eier werden von beiden Eltern abwechselnd bebrütet. Die Jungen schlüpfen nach 46 Tagen und werden nach elf bis zwölf Wochen flügge.

Der Marabu

Der Marabu (*Leptoptilos crumeniferus*, engl. Marabou) gehört zur Familie der Störche (*Ciconiidae*).

Kennzeichen: Der 1,5 m hohe Storch kann mit keiner anderen Art verwechselt werden. Das Federkleid der Oberseite ist

schwarz, grünlich schillernd, das der Unterseite weiß. Kopf und Hals sind nur mit spärlichen borstenartigen Haaren besetzt. Vorne am Hals hängt ein wurstförmiger Hautsack herab, den der Marabu aufblähen kann.

Die Nahrung besteht aus Aas aller Art, Fischen, Fröschen, Eidechsen, Schlangen, Ratten, Mäusen und Insekten, besonders Heuschrecken. Oft sieht man den Marabu am Aas in Gesellschaft von Geiern. Die Geier lassen ihm aber aus Respekt vor den Hieben des mächtigen Schnabels den Vortritt beim Fressen.

Sein Nest baut der Marabu meist auf größeren Bäumen, allein, in kleineren Kolonien und im Okavango-Delta auch in Gesellschaft des Gelbschnabelstorchs. Am Nest begrüßen sich die Ehepartner mit Schnabelklappern. Bei der Futtersuche schreitet der Marabu "würdevoll" einher, kann aber ein flüchtiges Beutetier auch schnell verfolgen. Im Flug wird der Hals eingezogen.

Der Gelbschnabelstorch

Der Gelbschnabelstorch (*Ibis ibis*, engl. Yellowbilled Stork) gehört zur Familie der Störche (*Ciconiidae*).

Kennzeichen: Er ist dem europäischen Weißstorch (*Ciconia ciconia*) sehr ähnlich, auch in der Größe (etwa 1 m). Er unterscheidet sich von ihm jedoch in folgenden Merkmalen: Sein Schnabel ist gelb, sein Gesicht unbefiedert, rot gefärbt, der Schwanz schwarz.

Im Delta hält er sich immer an Gewässern und in Sumpfgebieten auf.

Seine Nahrung besteht aus Wasserinsekten, Krebsen, Fischen, Fröschen und kleinen Säugetieren.

Sein Nest baut er auf Bäumen in Ufernähe, meist in kleineren Kolonien und oft in Gesellschaft anderer Arten, z. B. des Marabu.

Links: Marabu.

Unten: Klaffschnabel bei der Futtersuche.

Oben: Der Sattelstorch steht in seinem Revier gern auf kleinen Hügeln.

Rechts: Silberreiher gehören im Delta zu den häufigsten Reihern.

Der Klaffschnabel

Der Klaffschnabel (*Anastomus lamelligerus*, engl. Openbill) gehört, wie die vorgenannten Arten, zur Storchenfamilie (*Ciconiidae*).

Kennzeichen: Er ist etwa 1 m groß. Sein Gefieder ist schwarz mit kastanienbraunen Schultern und Oberrücken. Das Hauptmerkmal ist der besonders gestaltete Schnabel: Der Ober- und der Unterschnabel sind so gebogen, dass sie an der Spitze einen breiten Spalt lassen. Der Schnabel kann gleich einer Pinzette gebraucht werden, um die Weichkörper von Muscheln und Schnecken aus ihren Gehäusen zu ziehen, die – neben Krebsen, Fröschen und Fischen – die Hauptnahrung des Klaffschnabels bilden.

Er baut sein Nest auf Bäumen und ist ein Koloniebrüter. Das Gelege besteht aus zwei bis vier weißen Eiern.

Der Sattelstorch

Der Sattelstorch (*Ephippiohynchus senegalensis*, engl. Saddlebilled stork) gehört zur Familie der Störche (*Ciconiidae*) und ist eine der größten ihrer insgesamt 19 Arten.

Kennzeichen: Er misst etwa 1,5 m Standhöhe, die Flügelspannweite beträgt bis zu 2,7 m.

Im Okavango-Delta ist er nur in den nördlichen Teilen anzutreffen. Dort findet er seine bevorzugten Lebensräume: Weite Sumpfgebiete, seichte Gewässer.

Der Sattelstorch ernährt sich hauptsächlich von Fischen, aber auch von Fröschen, Krebsen, Schnecken und kleinen Nagetieren.

Ein Sattelstorchpaar besitzt ein festes Territorium, das es während der Brutzeit gegenüber Artgenossen verteidigt. Der Horst, aus Ästen und Zweigen gebaut, wird in der Krone hoher Bäume angelegt und alljährlich wiederbezogen. Bei der Bebrütung der zwei bis höchstens fünf Eier wechseln sich beide Eltern regelmäßig ab, ebenso bei der Aufzucht der Jungen.

Das Gefieder des Sattelstorchs ist schwarzweiß. Das Hauptkennzeichen ist der mächtige rote Schnabel: Er ist durch einen schwarzen Streifen geteilt und hat am Ansatz auf der Oberseite ein sattelartiges gelbes Schild. Beide Geschlechter kann man nur mit einem sehr guten Fernglas unterscheiden: Die Iris im Auge des Männchens ist schwarz, die des Weibchens gelb.

Der Goliathreiher

Der afrikanische Riesen- oder Goliathreiher (*Ardea goliath*, engl. Goliath Heron) ist mit seiner Körperlänge von etwa 1,4 m die größte Art in der Familie der Reiher (*Ardeidae*).

Sein Gefieder ist schiefergrau, am Kopf, Hals und Bauch rötlich-braun. Seine Größe unterscheidet ihn von allen anderen Reiherarten. Er fliegt langsamer als die übrigen Reiher, mit kräftigen, langsamen Flügelschlägen. Beim Flug wird der Hals eingezogen.

Er kommt paarweise oder allein an den Gewässern des Okavango-Deltas vor. Hier sieht man ihn häufig bewegungslos und steil aufgerichtet am Ufer oder im seichten Wasser stehen.

Fische aller Art sind seine Hauptnahrung.

Sein Nest aus Ästen und Zweigen hat mindestens einen Meter Durchmesser. Die drei blassblauen Eier werden etwa vier Wochen bebrütet. Die Jungen werden nach sechs Wochen flügge.

Der Kuhreiher

Der Kuhreiher (*Ardeola ibis*, engl. Cattle Egret) gehört mit einer Länge von etwa 55 cm zu den kleineren Arten der Familie der Reiher (*Ardeidae*).

Sein Gefieder ist schneeweiß, der Schnabel und die Beine gelb.

Meist trifft man ihn in Gesellschaft von Wild an, wo er die Insekten aufsammelt, die das Wild (Antilopen, Zebras usw.) beim Weiden aufschrecken. Er setzt sich auch auf den Rücken der Wildtiere, um dort Zecken und Fliegen aufzupicken.

Er fängt aber auch Wasserinsekten, Schnecken, Frösche und Fische im seichten Wasser.

Er brütet in Kolonien, häufig auch zusammen mit Wasservögeln wie z.B. Kormoranen.

Das Nest aus Zweigen und Schilf enthält drei bis vier bläuliche Eier, aus denen die Jungen nach drei Wochen Brutzeit schlüpfen.

Der Silberreiher

Der Silberreiher (*Egretta alba*, engl. Great White Egret) ist etwas kleiner als der allbekannte Graureiher.

Kennzeichen: Er ist ungefähr 75 cm lang. Sein Gefieder ist vollkommen weiß, Beine und Zehen sind während des ganzen Jahres schwarz.

Zur Brutzeit trägt er etwa 50 wunderschöne, bis zu 50 cm lange Schmuckfedern auf dem Rücken, die früher die Ursache für die schlimme Verfolgung des Silberreihers waren. Der Hals ist lang, der Schnabel gelb mit schwarzer Spitze.

Meist hält er sich an Gewässerufern auf. Er jagt Fische, Frösche, Wasserinsekten.

Das Nest besteht aus Zweigen und wird im Schilfdickicht, bisweilen auch auf Bäumen gebaut. Die zwei bis vier Eier sind hellblau und werden etwa drei Wochen lang bebrütet. Die Jungen werden sechs Wochen nach dem Schlüpfen flügge.

Der Seidenreiher

Der Seidenreiher (*Egretta garzetta*, engl. Little Egret) ist nur etwa 60 bis 70 cm groß.

Kennzeichen: Sein Gefieder ist schneeweiß, die Beine schwarz, die Füße gelb. Daher auch als "The Lady with the golden slippers" bezeichnet. Der Schnabel ist schwarz. Während der Brutzeit trägt der Seidenreiher im Genick und auf dem Rücken prächtige Schmuckfedern.

Er bewohnt die seichteren Gewässer des Deltas. Hier jagt er Wasserinsekten,

Frösche, kleine Fische, auch Spinnen und Heuschrecken im Uferbereich. Im seichten Wasser schlürft er bisweilen mit seinen Füßen vor- und rückwärts, um am Gewässerboden sitzende Beutetiere aufzuschrecken.

Das Nest wird aus Zweigen auf Bäumen oder im Schilf gebaut. Die zwei bis vier grünblauen Eier werden abwechselnd von beiden Eltern drei bis vier Wochen bebrütet.

Der Nachtreiher

Der Nachtreiher (*Nycticorax nycticorax*, engl. Night Heron) ist ein kleiner, gedrungener Reiher, nur etwa 60 cm lang. Kennzeichen: Er besitzt einen kurzen Hals. Oberkopf und Rücken sind schwarz, Gesicht und Unterseite weiß, die Flügel schiefergrau, Beine gelb und die Augen rot. Am Nacken besitzt er zwei bis vier Schmuckfedern.

Er jagt in der Nacht Fische, Frösche, Nestlinge anderer Vogelarten und Insekten.

Das Nest aus Zweigen und Schilfstängeln wird auf Bäumen oder im

Links: Den auf seiner Warte sitzenden Rallenreiher kann man leicht übersehen.

Oben: Der an sich seltene Klunkerkranich ist im Delta recht häufig.

Schilfdickicht gebaut. Die zwei bis vier fahlgrünen Eier werden drei Wochen bebrütet. Die Jungvögel verlassen im Alter von drei bis vier Wochen das Nest.

Der Rallenreiher

Der Rallenreiher (*Ardeola ralloides*, engl. Squacco Heron) gehört zur Familie der Reiher (*Ardeidae*).

Kennzeichen: Länge 46 cm. Das Grundgefieder ist weiß und an Kopf, Hals, Brust und Rücken hellbraun. (Im Flug erscheint der Rallenreiher wegen der weißen Flügel und dem weißen Schwanz praktisch weiß). Die Iris ist gelb. Der Schnabel und die Beine sind grüngelb.

Der Vorzugsbiotop des Rallenreihers sind langsam fließende Gewässer und Lagunen. Dort sieht man ihn meist allein. Der Rallenreiher jagt kleine Fische, Frösche und größere Wasserinsekten.

Er ist ein Koloniebrüter in Büschen und Schilf. Das Nest ist im Vergleich zu den Nestern anderer Reiher recht sorgfältig aus Binsen und Schilf gebaut. Das Gelege besteht aus zwei bis vier grünblauen Eiern.

Der Klunkerkranich

Der Klunkerkranich (*Bugeranus carunculatus*, engl. Wattled crane) zählt zur Familie der Kraniche (*Gruidae*), die 15 verschiedene Arten umfasst.

Er wird bis zu 1,5 m groß. Eine graue Kopfkappe, weiße Federn an Hals und Brust sowie graue Federn am übrigen Körper kennzeichnen sein Aussehen. Der kurze Schwanz wird durch die verlängerten Armschwingen überragt. Das Hauptkennzeichen sind aber die zwei weiß befiederten Hautlappen, die von seiner Kehle herabhängen. Die Geschlechter sind nur schwer zu unterscheiden: Die nackten Hautstellen am Kopf sind beim Männchen kräftiger rot gefärbt als beim Weibchen.

Der Klunkerkranich frisst in erster Linie Pflanzen, auch Knollen und Wurzeln, aber auch Kleintiere aller Art wie Insekten, Würmer, Schnecken, Frösche, Fische und Mäuse.

Männchen und Weibchen sind auf Lebenszeit verpaart. Diese Bindung wird durch Tänze, nicht nur zur Balzzeit, gestärkt. Das Nest ist ein kunstloser Haufen aus Pflanzenteilen, das meist im seichten Wasser angelegt wird. Das Gelege besteht aus höchstens zwei Eiern. Gewöhnlich schlüpft aber nur ein Küken nach einer Brutzeit von 30 bis 40 Tagen.

Im Okavango-Delta sollen (1999) etwa 5.000 Klunkerkraniche leben. Falls dies zutrifft, wäre es wahrscheinlich die größte Population dieses an sich seltenen Kranichs überhaupt.

Wenn man Glück beim bird-watching hat, sieht man ein Paar Klunkerkraniche mit seinem letzten Jungen, freilich meist nur auf größere Entfernung, denn der Klunkerkranich ist sehr wachsam.

Der Kormoran

Der Sumpf- oder Schilfkormoran (*Phalacrocorax africanus*, engl. Reed Cormorant) gehört zur Familie der Kormorane (*Phalacrocoracidae*).

Kennzeichen: Der etwa 50 cm große Vogel hat schwarzes Gefieder (Jungvögel eine weiße Brust) und rote Augen. Seine vier Zehen sind durch Schwimmhäute verbunden.

Wie alle Kormorane jagt er seine Beute – Fische, Frösche – tauchend. Beim Schwimmen unter Wasser werden beide Füße gleichzeitig nach hinten gestoßen. Dabei werden die Flügel, deren Federn nicht eingefettet sind, nass. Nach dem Auftauchen müssen sie deshalb wieder getrocknet werden, wozu sie der Kormoran in charakteristischer Haltung weit ausbreitet und hin und her bewegt.

Der Schilfkormoran brütet in Kolonien, oft in Gesellschaft von Reihern oder Störchen. Das Nest besteht aus Zweigen und Schilfstängeln und wird auf Bäumen oder im Schilf gebaut. Die zwei bis vier bläulich-weißen Eier werden etwa drei Wochen lang bebrütet.

Rechts: Der Kormoran ist ein Koloniebrüter, oft vergesellschaftet mit Reihern und Störchen.

Der Afrikanische Schlangenhalsvogel

Der Afrikanische Schlangenhalsvogel (*Ahinga rufa*, engl. African Darter) gehört zu der kleinen gleichnamigen Familie (*Anhingidae*).

Er ist etwa 80 cm lang und dunkelbraun befiedert. Auffällig ist der meist S-förmig gebogene lange Hals, auf dem ein schmaler Kopf sitzt. Daher der Name!

Der Schnabel ist dolchartig spitz. Die vier Zehen sind durch Schwimmhäute verbunden. Wie der Kormoran stößt auch der Schlangenhalsvogel beim Schwimmen und Tauchen beide Füße gleichzeitig rückwärts und steuert mit dem Schwanz. Bisweilen ist sein Körper beim Schwimmen so tief eingetaucht, dass nur Kopf und Hals aus dem Wasser herausragen. Die Flügelfedern sind, ebenso wie beim Kormoran, nicht wasserabstoßend und müssen deshalb nach dem Auftauchen getrocknet werden. Deshalb sieht man den Schlangenhalsvogel oft mit ausgespreizten Flügeln auf ufernahen Bäumen sitzen.

Die Nahrung besteht aus Fischen, Fröschen und anderen im Wasser lebenden Tieren.

Der Afrikanische Schlangenhalsvogel brütet in kleinen Kolonien. Das Nest ist eine Plattform aus Zweigen und Schilfstängeln, es wird auf Bäumen oder im Schilf gebaut. Die zwei bis vier bläulichweißen Eier werden etwa drei Wochen lang bebrütet.

Unten: Der unverwechselbare Schlangenhalsvogel lebt ähnlich wie der Kormoran.

Rechts: Ein Trupp des Afrikanischen Löfflers, im Vordergrund ein Heiliger Ibis.

Der Afrikanische Löffler

Der Afrikanische Löffler (*Platalea alba*, engl. Spoonbill) gehört zur Familie der Löffler und Sichler (*Threskiornithidae*).

Aus der Ferne kann der ein Meter große Vogel mit einem der weißen Reiher verwechselt werden. In der Nähe erkennt man seine besonderen Kennzeichen: Der Schnabel ist vorne löffelförmig verbreitert. Das Gesicht und die Beine sind rot. Er fliegt mit ausgestrecktem Hals.

Bei der Nahrungssuche im seichten Wasser schwenkt der Löffler seinen Schnabel hin und her und fängt dabei Krebschen und Wasserinsekten, kleine Fische, Kaulquappen und Frösche.

Beim Schlafen steht er gewöhnlich auf einem Bein und wendet Kopf und Schnabel nach rückwärts in die Schulterfedern, manchmal in Gesellschaft anderer Wasservögel.

Sein flaches Nest baut er aus Wasserpflanzen im Schilfdickicht. Die zwei bis drei Eier sind weiß, oliv und rotbraun gesprenkelt.

Der Heilige Ibis

Der Heilige Ibis (*Threskiornis aethiopicus*, engl. Sacred Ibis) zählt zur Familie der Sichler und Löffler (*Threskiornithidae*). Der Name bezieht sich auf die ägyptische Mythologie. Im alten Ägypten wurde diese Ibisart besonders verehrt.

Kennzeichen: Der Heilige Ibis ist etwa 90 cm groß, weiß gefiedert, mit Ausnahme der schwarzen Schwanzfedern und der schwarzen Spitzen der Flugfedern. Schwarz sind auch die nackte Haut des Kopfes und Halses und der sensenförmige lange Schnabel und die Beine.

In seichten Gewässern fischt er kleinere Tiere wie Wasserinsekten, Schnecken und Frösche, nimmt aber auch Nestlinge aus den Nestern in der Nachbarschaft brütender Reiher, Kormorane und dergleichen. Er brütet in Kolonien. Das Nest wird auf Sträuchern, Bäumen und im Schilfdickicht gebaut. Das Gelege besteht aus zwei bis vier kalkweißen, rotbraun gefleckten Eiern.

Der Braune Sichler

Der Braune Sichler (*Plegadis falcinellus*, engl. Glossy Ibis) gehört zur selben Familie wie die vorige Art.

Kennzeichen: Er ist etwa 70 cm groß. Im Brutkleid ist er dunkelbraun mit grün schillernden Flügeln.

Im Vorkommen und der Lebensweise gleicht er weitgehend dem Heiligen Ibis.

Das Gelege besteht aus zwei bis drei Eiern, die hellblau bis dunkel-blaugrün gefärbt sind.

Der Hammerkopf

Der Hammerkopf (*Scopus umbretta*, engl. Hamerkop) gehört zu der kleinen Familie der Schattenvögel (*Scopidae*).

Kennzeichen: Der etwa 55 cm große, einfarbig braun gefiederte Vogel hat am Hinterkopf einen großen rückwärts gerichteten Schopf. Zusammen mit dem kräftigen, seitlich zusammengedrückten Schnabel ergibt sich ein hammerähnliches Bild.

Der Hammerkopf hält sich an langsam fließenden Gewässern, Lagunen und Sümpfen, die von Galeriewäldern gesäumt sind, auf. Dort steht er oft lange Zeit bewegungslos oder schreitet langsam im seichten Wasser einher auf Beutesuche: Wassertiere jeglicher Art.

Berühmt ist der Hammerkopf wegen der besonderen Gestalt seines Nestes geworden, das Männchen und Weibchen gemeinsam bauen: Zunächst wird in einer Astgabel oder auf einem dicken Ast eine feste Bodenplatte aus Zweigen und feuchtem Lehm gemauert. Darauf werden dann die Wände aus verschiedenstem Material hochgezogen und ein kuppelförmiges Dach gebaut. Das Nest kann bis zu zwei Meter breit und über einen Meter hoch werden. Der Ausgang ist ein Loch, das im unteren Drittel der Wandung geschaffen wird. Die Bauzeit beträgt etwa sechs Monate.

Das Gelege besteht aus drei bis fünf weißen Eiern, die etwa 21 Tage lang be-brütet werden. Die Jungen werden nach sieben bis acht Wochen flügge.

Die Sporengans

Die Sporengans (*Plectropterus gambensis*, engl. Spurwinged Goose) gehört zur Familie der Entenvögel (*Anatidae*).

Kennzeichen: Eine große, einen Meter lange Gans mit schwarzem, grün schillerndem Gefieder auf Rücken und Seiten sowie einer weißen Unterseite. Schnabel und Beine sind rötlich, ebenso die nackte, warzige Gesichtshaut. Am Flügelbug hat sie einen scharfen Sporn.

Die Sporengans lebt gesellig an Gewässern, an denen sie in Ufernähe grasen kann. Sie baumt nur selten auf.

Rechts: An seichten Gewässern des Deltas sind Sporengänse häufig.

Unten: Der Hammerkopf ist ein Charaktervogel des Deltas: wegen seines Schopfes am Hinterkopf, seines im Flug laut schallenden Rufes „kiepp" und schließlich seines riesigen Nestes.

Das Nest wird im Röhricht, im Busch-dickicht und manchmal auch in Baumhöhlen angelegt. Das Gelege besteht aus sechs bis zwölf schmutzig-weißen Eiern und wird vier Wochen lang bebrütet.

Die Nilgans

Die Nilgans (*Alopochen aegyptiacus*, engl. Egyptian Goose) gehört zur Familie der Entenvögel (*Anatidae*).

Kennzeichen: Sie ist etwa 70 cm lang und wiegt durchschnittlich 1,8 kg.

Sie ist hellbraun gefiedert mit einer feinen schwärzlichen Wellung. Die Schultern sind weiß, die Flugfedern schwarz. Die Augen sind von einem schwarzen Ring umgeben, auf der Brust ist ein schwarzer Fleck in der Form eines umgekehrten Hufeisens kennzeichnend. Schnabel und Füße sind rot.

Die Nilgans hält sich paarweise oder in kleinen Gruppen an Gewässern auf, an deren Ufer sie Gras zum Weiden findet.

Das Nest wird in dichter Vegetation am Gewässerufer, in Baumhöhlen und auch auf alten Hammerkopfnestern gebaut.

Die sieben bis neun cremeweißen Eier werden mit ein paar Federn und Daunen gegen Sicht zugedeckt und vier Wochen lang vom Weibchen bebrütet. Dieses trägt die Küken mit dem Schnabel aus hochgelegenen Nestern auf den Boden herunter.

Die Witwenente

Die Witwenente (*Dendrocygna viduata*, engl. White-faced Whistling Duck) gehört zur Familie der Enten (*Anatidae*) und zwar zur Unterfamilie der Baumenten (*Dendrocygninae*).

Die Witwenente ist ungefähr 45 cm groß. Kennzeichen: Weißes Gesicht und ein weißer Fleck am Vorderhals. Der Hinterkopf, Nacken und die Mitte des Unterkörpers sind schwarz, die Oberseite olivbraun mit gelblicher Bänderung. Die Körperseiten sind gelblich mit schwarz-weißer Bänderung. Hals und Brust sind rotbraun. Der Schnabel und die Füße sind blaugrau. Beide Geschlechter sind gleich gefärbt.

Die Witwenente lebt in Gruppen von zehn bis zwanzig Individuen an Gewässern. Sie schwimmt und taucht gewandt, watet beim Äsen von Wasserpflanzen und Wassertieren jedoch meist in seichtem Wasser. Selten baumt sie auf. Das Nest, eine seichte Mulde, die mit etwas trockenem Gras ausgelegt wird, ist gut im Pflanzendickicht verborgen.

Die acht bis elf weißen Eier werden vier Wochen lang bebrütet.

Oben: Die Nilgans ist im Delta, wie in vielen Subsaharastaaten, häufig zu sehen.

Rechts: Einmalig im Tierreich ist das Fluchtverhalten der jungen Blatthühnchen bei Gefahr.

Das Afrikanische Blatthühnchen

Das Afrikanische Blatthühnchen (*Actophilornis africanus*, engl. African Jacana) gehört zu der kleinen Familie der Blatthühnchen (*Jacanidae*).

Kennzeichen: Größe 28 cm. Es ist rostbraun mit weißem Gesicht und Hals. Die nackte Stirnhaut ist hellblau, der Schnabel blaugrau, die Beine schiefergrau. Das Gefieder von Männchen und Weibchen ist gleich. Die außerordentlich langen Zehen erlauben es dem Blatthühnchen, auf dem Pflanzenteppich, der die Wasseroberfläche ruhiger Gewässerbuchten bedeckt (Schwimmblätter von Seerosen usw.) zu laufen, ohne einzusinken. Solche Lagunen sind sein bevorzugter Lebensraum.

Es frisst Wasserinsekten, Wasserschnecken und auch Samen.

Das Nest ist ein verhältnismäßig unordentliches Gebilde aus Wasserpflanzen, oft halb untergetaucht. Das Gelege von drei bis fünf gelbbraunen, schwarz getupften und gestrichelten Eiern wird vom Männchen ausgebrütet. Die Jungen sind typische Nestflüchter, die sofort schwimmen und sich selber ernähren können.

Bei Gefahr flüchten sie zu ihrem Vater, der sich die Jungen beiderseits unter die Flügeldecken klemmt und dann das Weite sucht.

Die Moorenralle

Die Moorenralle (*Limnocorax flavirostris*, engl. Black Crake) gehört zur Familie der Rallen (*Rallidae*).

Kennzeichen: 21 cm lang. Sie besitzt ein schwarzes Gefieder, der Schnabel ist hellgelb, die Beine sind hellrot und die Iris ist orange. Die Moorenralle hat stark verlängerte Zehen. Die Geschlechter sind äußerlich nicht zu unterscheiden.

Die Moorenralle ist ein recht heimlicher Wasservogel, der an Gewässern mit Schilf- und Papyrusbeständen vorkommt. Die Ralle kann dank ihrer langen Zehen wie das Blatthühnchen auf Schwimmblättern laufen.

Die Nahrung besteht aus Insekten, Schnecken, kleinen Fischen, auch Samen und Wasserpflanzen.

Das Nest wird aus Binsen, Gras und Wasserpflanzen auf der Wasseroberfläche gebaut. Das Gelege, drei bis sechs cremegelbe, fein braun getüpfelte Eier, wird zwei bis drei Wochen lang bebrütet.

Der Hufschmiedregenpfeifer

Der Hufschmiedregenpfeifer (*Hoploterus armatus*, engl. Blacksmith Plover) gehört zur Familie der Regenpfeifer (*Charadriidae*), und zwar zur Unterfamilie *Charadriinae*.

Kennzeichen: Größe 30 cm. Das Gefieder (Kopf, Hals, Brust, Rücken) ist schwarz, an den Flügeln graubraun und weiß im Nacken und am Bauch. Der Schnabel und die langen Beine sind schwarzgrau, die Iris hellrot. Männchen und Weibchen sind gleich gefärbt.

Der Hufschmiedregenpfeifer bewohnt in Paaren oder kleinen Gruppen Sumpfgebiete in der Nähe von Gewässern. Er bevorzugt Flächen mit kurzem Gras.

Die Nahrung besteht aus Insekten, Würmern und kleinen Schnecken.

Die Nestmulde wird mit kleinen Zweigen, Gras und Steinen ausgekleidet, oft liegt sie am Uferrand. Die zwei bis fünf Eier werden 26 Tage lang bebrütet.

Der Kronenregenpfeifer

Der Kronenregenpfeifer (*Stephanibyx coranatu*s, engl. Crowned Plover) gehört zur gleichen Familie und Unterfamilie wie die vorige Art.

Kennzeichen: Etwa 30 cm groß. Er besitzt ein sandbraunes Gefieder mit einem weißen Bauch. Am Scheitel ist er schwarz mit weißer Binde. Schnabel und Beine sind rot, die Iris orange.

Er tritt paarweise oder in kleinen Gruppen in den trockneren Teilen des Deltas auf, wo das Gras kurz ist und Gebüsch wächst.

Die Nahrung besteht hauptsächlich aus Insekten.

Das Nest ist eine Mulde, die in den Boden gekratzt wird. Die drei Eier sind dunkel olivbraun gefärbt mit grauen und schwarzen Punkten und Linien. Sie werden etwa vier Wochen bebrütet.

Wenn sich ein Fressfeind dem Gelege nähert, läuft das Weibchen vom Nest weg und täuscht dabei eine Verletzung vor, um den Beutegreifer von seinem Nest abzulenken.

Der Scherenschnabel

Der afrikanische Scherenschnabel (*Rynchops flavirostris*, engl. Skimmer) gehört zur Familie der Scherenschnäbel (*Rynchopidae*), die nur drei Arten umfasst.

Kennzeichen: Ähnlich einer Seeschwalbe, jedoch besitzt er bedeutend längere Flügel. Das Gefieder ist schwarz

Mit einigem Glück kann man das Weibchen des Kronenregenpfeifers dabei beobachten, wie es, eine Verletzung vortäuschend, einen Beutegreifer von seinem Gelege oder den Nestlingen weglockt.

Brachschwalbe: Der typische schwarze, die Kehle umfassende Haarstreifen ist gut zu erkennen.

mit einer weißen Unterseite. Der Schnabel ist seitlich zusammengedrückt und rot, der Unterschnabel ist stark verlängert. Die Beine sind kurz und zinnoberrot. Die Größe beträgt 38 cm.

Im Okavango-Delta im Bereich des "pan-handle" brütet er auf Sandbänken.

Während der Dämmerung und der Nacht fliegt der Scherenschnabel ganz nah über der Wasseroberfläche und taucht dabei seinen Unterschnabel ins Wasser. Kommt dabei ein kleiner Fisch (Hauptnahrung) in die Scheide des Unterschnabels, so gleitet er in ihr nach oben und ist, sobald sich der Schnabel schließt, gefangen.

Das Nest ist eine tiefe Mulde im Sand. Die drei bis vier lederfarbenen Eier sind grau gefärbt und schwärzlich und rötlich getüpfelt.

Der Scharlachspint

Der Scharlachspint (*Merops nubicoides*, engl. Carmine Bee-eater) gehört zur Familie der Bienenfresser (*Meropidae*).

Er kann mit keiner anderen Art verwechselt werden.

Kennzeichen: Er wird bis zu 36 cm lang, wobei allerdings bis zu 18 cm auf die stark verlängerten mittleren Schwanzfedern entfallen. Männchen und Weibchen sind gleich gefärbt: Rücken, Flügel und Schwanz dunkelrot, die Unterseite hellrot. Die Stirne und Scheitel sind türkisblau. Er besitzt einen schwarzen Augenstrich (wie ihn alle Bienenfresserarten haben).

Er hält sich von September bis März im Delta auf und zwar in der Nähe von Gewässern und Sümpfen. Von April bis August weilt er im Kongo und Tansania, ist also ein Sommerzugvogel.

Er frisst Insekten aller Art, die er im Flug fängt.

Er ist gesellig und brütet in Kolonien. Die Nisthöhlen werden in sandige Uferwände gegraben. Die vier bis fünf Eier sind weiß.

Der Schwalbenschwanzbienenfresser

Der Schwalbenschwanzbienenfresser (*Dicrocercus hirnundineus*, engl. Swallow-tailed Bee-eater) gehört zur Familie der Bienenfresser (*Meropidae*).

Kennzeichen: Länge 22 cm. Im Wesentlichen ist er grün gefiedert mit gelber Kehle und hellblauem Nackenband. Die Augen sind rot. Er hat einen schwarzen Augenstreif. Der Schnabel ist schwarz, die Beine braun. Arttypisch ist der tief gegabelte Schwanz, der ebenso wie das Rumpfende blau ist.

Der Lebensraum reicht von der Halbwüste bis zum Trockenbusch und feuchten Wäldern. Er ist einzeln, paarweise oder in Familiengruppen anzutreffen. Von Sitzwarten aus späht er nach Beute: Fliegende Insekten verschiedenster Art.

Die bis einen Meter lange Neströhre gräbt er in Uferwände und Sandbänke. Die drei bis vier Eier sind weiß.

Der Zwergfeldspint (Zwergbienenfresser)

Der Zwergfeldspint (*Melittophagus pusillus*, engl. Little Beeeater) gehört zur Familie der Bienenfresser (*Meropidae*). Er ist der kleinste im Delta vorkommende Bienenfresser.

Kennzeichen: Länge 18 cm. Das Gefieder zeigt eine leuchtend grüne Oberseite und eine gelbbraune Unterseite. Die Kehle ist gelb. Ein schwarzes Band verläuft über die Kopfseiten, ein zweites über den Vorderhals. Das schwarze Schwanzende ist gerade abgeschnitten. Beide Geschlechter sind gleich gefärbt.

Er jagt vorzugsweise an Gewässern, wo er oft Tag für Tag von den gleichen Warten aus nach seinen Beutetieren – Insekten verschiedenster Art – Ausschau hält.

Die bis zu einem Meter lange Neströhre wird in Sandbänke oder Termitenhügel gegraben. Die vier bis sechs weißen Eier werden etwa vier Wochen lang be-

Oben: Die Schwärme des prächtig gefärbten Scharlachspints sind stets ein faszinierender Anblick.

Rechts: Gar nicht selten ist die Riesentrappe in den Savannen des Deltas; Dort sieht man zumindest Kopf und Hals des großen Vogels über die Grasspitzen hinausragen.

brütet. Die Jungen werden von beiden Eltern gefüttert und sind nach weiteren vier Wochen flügge.

Die Gewöhnliche Brachschwalbe

Die Gewöhnliche Brachschwalbe (*Glareola pratincola*, engl. Red-winged Pratincole) gehört zur Familie der Brachschwalben (*Glareolidae*).

Kennzeichen: Länge 23 cm. Die äußeren Schwanzfedern überragen die inneren um 4 bis 5 cm, wodurch ein auffälliger Gabelschwanz entsteht. Die Oberseite ist graubraun, Bürzel und Außenkanten des Schwanzes sind weiß. Die rötlichgelbe Kehle ist von einem schwarzen Band eingefasst. Die Unterseite ist weiß. Im Flug fallen die helle Unterseite und die rotbraunen Unterflügeldecken besonders auf. Der Schnabel ist schwarz mit roter Basis, die Beine sind grau. Die gewöhnliche Brachschwalbe bewohnt meist in kleinen Schwärmen die Ufergebiete von Gewässern. Während des Fluges fängt die Brachschwalbe Insekten, auf dem Boden Schnecken und anderes Kleingetier.

Das Gelege besteht aus zwei bis drei sandfarbenen, dunkel- bis graubraun gefleckten Eiern, wird in einer Bodenmulde angelegt und von beiden Eltern 17 bis 18 Tage bebrütet. Bei Gefahr versuchen die Altvögel den Beutegreifer vom Nest abzulenken, indem sie sich krank stellen.

Die Riesentrappe

Die Riesentrappe (*Ardeotis kori*, engl. Kori Bustard) gehört zur Familie der Trappen (*Otididae*).

Die Riesentrappe ist mit einer Länge von 1,3 Metern und einer Flügellänge von 80 cm der größte flugfähige Vogel der Erde. Sein Gefieder ist graubraun und auf der Unterseite weiß. Am Hinterkopf sitzt ein kleiner Büschel schwarzer Federn.

Die Riesentrappe bewohnt die Savanne. Dank ihrer Kopfhöhe kann sie auch im hohen Gras das Nahen von Feinden

erkennen. In einem solchen Fall läuft sie zunächst mit langen Schritten davon und entschließt sich nur zögerlich zum Flug. Ihre Nahrung besteht aus Insekten, Eidechsen, kleinen Säugetieren und Samen.

Der Balzruf ist ein tiefes "wum, wum, wum,wum,wum". Die ein bis zwei Eier werden in einem Grasbüschel abgelegt.

Die Rotschopftrappe
Die Rotschopftrappe (*Lophotis ruficrista*, engl. Red-crested Korhaan) gehört zur Familie der Trappen (*Otidae*).

Kennzeichen: Mit 50 cm Länge ist die Rotschopftrappe eine der kleineren Trappenarten. Sie besitzt ein graubraunes, dunkelbraun geflecktes Gefieder auf der Oberseite. Der Bauch ist schwarzweiß. Auf der Brust befindet sich ein V-förmiger Fleck. Der rötliche Schopf des Männchens ist nur während des Balzfluges sichtbar. Während des Balzfluges schwingt sich der Hahn etwa fünfzig Meter in die Luft, um anschließend in einem Sturzflug wieder auf dem Boden zu landen.

Oben: Auch die Familien des Kaffernhornraben bewohnen in erster Linie die Savannen des Deltas.

Unten: Der Swainson's Frankolin ist ziemlich scheu und zieht sich schnell ins Ufergebüsch zurück.

Die Rotschopftrappe bewohnt die trockene Akaziensavanne. Sie ist ein schneller Flieger und ernährt sich von Samen, Früchten und Insekten.

Das Gelege besteht aus ein bis zwei gelbgrünen, bisweilen olivgrünen Eiern.

Der Kaffernhornrabe

Der Kaffernhornrabe (*Bucorvus leadbeateri*, engl. Ground Hornbill) gehört zur Familie der Nashornvögel (*Bucerotidae*).

Wegen seiner sehr eigentümlichen Gestalt kann er mit keiner anderen Vogelart verwechselt werden. Er ist etwa einen Meter lang. Sein Gefieder ist tiefschwarz, ausgenommen die weißen Handschwingen. Die Kopfseiten und die Kehle sind nackt. Beim Männchen sind sie rot, beim Weibchen blau gefärbt. Die Kehlsäcke können stark erweitert werden. Der mächtige Schnabel hat nur einen kleinen Aufsatz.

Der Hornrabe bewohnt vorzugsweise die Savanne. Im Okavango-Delta trifft man ihn besonders in der Savuti-Region an. Dort schreiten die Hornraben paarweise oder im Familienverbund langsam

Gelbschnabeltoko.

bei der Futtersuche (Insekten, kleine Kriech- und Nagetiere) umher, stets in Sichtkontakt zueinander.

Der Kaffernhornrabe kann auch fliegen, entschließt sich aber nur selten dazu.

Als Nest dienen Baumhöhlen. Die zwei Eier werden hauptsächlich vom Weibchen ausgebrütet. Das Männchen füttert sein Weibchen während der Brutzeit und löst es bisweilen auch ab. Im Gegensatz zu den anderen Nashornvogelarten wird die Bruthöhle nicht zugemauert.

Der Gelbschnabeltocko

Der Gelbschnabeltocko (*Tockus flavirostris*, engl. Yellow-billed Hornbill) gehört zur Familie der Nashornvögel (*Bucerotidae*).

Das Gefieder des etwa 55 cm großen Vogels ist schwarzweiß, sein Hauptkennzeichen ist der große gelbe Schnabel. Die nackte Haut um die gelben Augen ist rot. Der Kehlfleck ist ebenfalls rot.

Der Gelbschnabeltocko bewohnt die Dornbuschsavanne und die Mopanewälder im Delta.

Die Nahrung besteht vorwiegend aus Insekten, besonders Käfern, geflügelten Termiten, aber auch aus kleinen Wirbeltieren, wie Eidechsen und aus Samen und Beeren. Zur Nahrungssuche hält sich der Gelbschnabeltocko oft am Boden auf.

Sein Ruf ist sehr markant: "tock, tock, tock, tschadeck..."

Die Nashornvögel haben – mit Ausnahme des Kaffernhornraben – ein eigenartiges Brutverhalten: Als Nest dient stets eine Baumhöhle. Zum Ausbrüten der zwei bis drei Eier mauert sich das Weibchen in der Höhle mit einem zementartigen Gemisch aus Lehm und Speichel ein. Dieses Material schafft das Männchen heran. Durch eine kleine Öffnung füttert das Männchen sein Weibchen und nach dem Schlüpfen auch die Jungen. Die Brutdauer beträgt drei Wochen. Wenn die Jungen drei bis vier Wochen alt sind, verlässt das Weibchen die Höhle, indem es die Mauer von innen aufbricht. Die Jungen mauern die Nesthöhle wieder zu,

bis sie nach drei weiteren Wochen flügge sind und sie verlassen.

Sehr ähnlich im Aussehen und der Lebensweise ist der Rotschnabeltocko (*Tockus erythrorhynchus*, engl. Redbilled Hornbill). Er ist etwas kleiner, hat einen roten Schnabel und keine nackte Haut im Gesicht.

Swainson's Frankolin

Der Swainson's Frankolin (*Pternistis swainsoni*, engl. Swainson's Francolin) gehört zur Familie der Fasanen (*Phasanidae*) und in dieser zur Gattung der Nacktkehlfrankoline (*Pternistis*).

Kennzeichen: Länge 38 cm. Er besitzt mittelbraunes Gefieder mit dunkelbraunen Längsstreifen. Er hat nackte Haut um die Augen und an der Kehle ist er rot. Der Oberschnabel und die Beine sind schwarz.

Vorzugsbiotope dieses Frankolins sind die Uferbereiche von Gewässern. Er übernachtet auf Bäumen. Seine Nahrung sind Samen und Insekten.

Das Nest aus Grashalmen enthält vier bis fünf Eier.

Oben: Im Buschdickicht der Savannen trifft man häufig auf Gruppen des Helmperlhuhns.

Rechts: Auch der Rotschnabelfrankolin ist ein Bewohner der Savanne.

Links: Rotschnabeltocko.

Der Kammfrankolin

Der Kammfrankolin (*Francolinus sephaena*, engl. Crested Francolin) gehört zur Familie der Fasanen (*Phasanidae*).

Kennzeichen: Länge 33 cm. Das Gefieder ist hell- bis rostbraun. Der Bauch ist gelblich, aber nicht gestreift. Der Kammfrankolin besitzt einen schwarzen Augenstrich und einen breiten weißen Überaugenstreifen. Der Scheitel ist dunkelbraun und der Schnabel grau. Die Beine sind rötlich.

Der Kammfrankolin hält sich paarweise bzw. zusammen mit den Jungen im feuchten Buschland auf. Er baumt zur Nachtruhe auf. Dabei kräht der Hahn laut, worauf die Henne antwortet. Die Hauptnahrung sind Samen und Insekten.

Das Nest, eine Bodenmulde, wird mit Gras ausgepolstert. Das Gelege besteht aus vier bis neun weißen oder gelblich-rötlichen Eiern und wird 19 Tage bebrütet.

Der Rotschnabelfrankolin

Der Rotschnabelfrankolin (*Francolinus adspersus*, engl. Red-billed Frankolin) gehört zur Familie der Fasanen (*Phasanidae*).

Kennzeichen: Länge 35 cm. Das Gefieder ist graubraun, die Unterseite fein schwarz gestreift. Er besitzt gelbe Augenringe, die Iris ist braun. Schnabel und Beine sind rot. Das Männchen hat am Lauf einen scharfen Sporn. Im Übrigen sind beide Geschlechter gleich gefärbt.

Die gesellige Art (Trupps bis zu zwanzig Tieren) bewohnt die offene, trockene Savanne, aber stets in der Nähe von Gewässern. Die Nahrung besteht aus Samen und Insekten.

Die sechs bis acht gelblich bis bräunlich gefärbten Eier werden in einer Nestmulde zwischen hohem Gras gelegt.

Das Helmperlhuhn

Das Helmperlhuhn (*Numida meleagris*, engl. Crowned Guineafowl) gehört zur Familie der Perlhühner (*Numididae*). Sein grauschwarzes Gefieder ist von weißen Punkten übersät. Die nackte Gesichtshaut ist bläulich, ausgenommen die rötliche Umgebung der Augen. Auf dem Scheitel sitzt eine helmartige Hornhaube. Das Helmperlhuhn lebt gesellig in oft kopfstarken Gruppen. Es kann gut fliegen und flüchtet bei Gefahr auf Bäume, wo es auch übernachtet. Es ist sehr stimmfreudig: "Kekekekek".

Im Okavango-Delta bewohnt es besonders das Buschdickicht der Savanne. Es frisst Insekten aller Art sowie Schnecken und Samen. Die Eier werden während der Regenzeit gelegt, etwa sieben Stück. Die Nestmulde wird unter einem Busch ausgescharrt.

Der Wiedehopf

Der Wiedehopf (*Upupa africana*, engl. Hoopoe) gehört zur Familie der Wiedehopfe (*Upupidae*).

Durch sein ziegelrotes Gefieder, die schwarzweiß gestreiften Flügel, den fächerartigen Schopf, der gefaltet und gespreizt werden kann, seinen langen gebogenen Schnabel ist er nicht zu verwechseln.

Im Okavango-Delta kommt der Wiedehopf in der Savanne vor, sucht auch gerne die Lodges auf.

Er sucht seine Nahrung – Insekten, kleine Schlangen und Frösche – am Boden.

Während des Flugs ähnelt er durch die breiten Flügelschwingen einem großen Schmetterling.

Sein Ruf, ein oft wiederholtes, "hoop, hoop" ist auf große Entfernung zu hören.

Das Nest befindet sich in Höhlen am Boden, in Bäumen oder Termitenhügeln. Es wird höchstens mit ein paar Grashalmen ausgelegt und gewöhnlich während mehrerer Brutperioden benützt. Die vier bis sieben Eier sind anfangs hellblau, später jedoch olivbraun. Sie werden vom Weibchen allein 17 Tage lang bebrütet. Das Männchen füttert sein brütendes Weibchen. Die Nestlingszeit dauert etwa vier Wochen. Die Jungen werden vom Männchen und vom Weibchen gefüttert.

Der Rieseneisvogel

Der Rieseneisvogel (*Megaceryle maxima*, engl. Giant Kingfisher), ist mit einer Körperlänge von fast 50 cm die größte im Okavango-Delta vorkommende Eisvogelart.

Kennzeichen: Die Grundfarbe seines Gefieders ist schiefergrau mit kleinen weißen Punkten auf Rücken, Flügeln und Schwanz.

Das Männchen hat eine rötliche Brust, während beim Weibchen die Brust weiß

Von den fünf im Delta vorkommenden Eisvogelarten ist der Rieseneisvogel der größte.

Oben: Der Malchiteisvogel ist der kleinste, zugleich der am prächtigsten gefiederte Eisvogel des Deltas.

Rechts: Die lila und blau gefiederte Lilabrustrake ist im Gebüsch und den Baumgruppen der Savannen im Delta häufig zu beobachten.

mit schiefergrauen Punkten und der Bauch sowie die Unterseiten der Flügel rötlich sind.

Meist sieht man den Rieseneisvogel in Ufernähe auf einem Ast sitzen. Dort beobachtet er das Gewässer unter seiner Warte. Seine Beute sind hauptsächlich Fische, daneben aber auch andere Wassertiere.

Der Ruf ist ein lautes "Kakh – kakh – kakh – kakh – kakh".

Das Nest ist ein Tunnel mit Endkammer, eingegraben in Uferwände oder Termitenhügel. Die drei bis vier Eier sind weiß glänzend.

Der Graufischer

Der Graufischer (*Ceryle rudis*, engl. Pied Kingfisher) kommt an den Gewässern des Okavango-Deltas häufig vor.

Er ist etwa 28 cm lang. Seine Oberseite ist schwarzweiß, die Unterseite weiß. Der Schnabel ist schwarz. Das Männchen hat eine doppelte, das Weibchen eine einfache schwarze Brustbinde.

Der Graufischer lebt fast ausschließlich von Fischen, die er tauchend fängt. Die Beute wird zur Warte getragen und vor dem Verschlucken tot geschlagen.

Der Ruf ist ein scharfes "kwik, kwik". Das Nest wird als bis zu einem Meter langer Tunnel mit Endkamer in die Uferwände gegraben. Es wird nicht ausgepolstert, ist aber immer voll von Schuppen und Knochen der erbeuteten Fische.

Die vier bis sechs Eier sind weiß, rund und glänzend. Die Jungen werden von beiden Eltern gefüttert.

Der Malachiteisvogel

Der Malachiteisvogel (*Corythornis cristata*, engl. Malachite Kingfisher) gehört zur Familie der Eisvögel (*Alcedinidae*).

Kennzeichen: Im Okavango-Delta ist er mit seinen 14 cm Länge die kleinste Eisvogelart. Der Malachiteisvogel ist wunderschön gefärbt, juwelengleich: Er hat einen leuchtend blauen Rücken, eine kastanienbraune Unterseite, einen scharlachroten Schnabel und rote Füße. Die Federn auf dem Oberkopf sind leuchtend malachitgrün. Männchen und Weibchen sind gleich gefärbt.

Der Malachiteisvogel sitzt gerne auf niederen Schilfstängeln an den Ufern der Gewässer. Seine Beutetiere – kleine Fische, Kaulquappen, Frösche und Wasserinsekten – jagt er tauchend. Das Nest wird in Ufersandbänken gegraben: Ein zwischen 30 und 100 cm langer Gang führt zu der eigentlichen kleinen Nestkammer. Die drei bis fünf Eier sind weißglänzend.

Die Lilabrustrake

Die Lilabrustrake (*Coracias caudata*, engl. Lilac-breasted Roller) gehört zur Familie der Raken (*Coraciidae*).

Kennzeichen: Der ungefähr taubengroße, 36 cm lange Vogel fällt durch seine lila befiederten Wangen und Brust sowie die leuchtend blauen Flügel auf. Auch der Bauch und der Schwanz sind blau. Am Schwanz sind je eine gerade, stark verlängerte, schmale Feder auf beiden Seiten auffällig und kennzeichnend.

Männchen und Weibchen sind gleich gefärbt.

Der Lebensraum dieser wunderschönen Rake ist die Dornbuschsavanne. Von Steppenbränden wird sie schnell angelockt, weil sie auf den Brandflächen reiche Beute findet: Insekten aller Art und Eidechsen.

Sie baut kein eigentliches Nest. Die zwei bis drei weißen Eier werden in Höhlen von Bäumen und Termitenhügeln gelegt und drei Wochen bebrütet.

Meyer's Papagei

Meyers Papagei (*Poicephalus meyeri*, engl. Meyer's Parrot) gehört zur Familie der Papageien (*Psittacidae*). Er ist der einzige im Delta vorkommende Papagei.

Kennzeichen: Länge 22 cm. Er verfügt über ein braunes Gefieder mit türkisgrüner Unterseite. Es befinden sich einige gelbe Federn an den Schultern, den Unterschwingen und der Stirn. Die Augen sind rötlich, der Schnabel ist grüngrau und die Beine sind schwärzlich. Beide Geschlechter sind gleich gefärbt.

Der Meyers Papagei ist ein geselliger Bewohner des trockenen Buschfeldes, jedoch ist er nie weit von Gewässern entfernt. Er ist verhältnismäßig zahm.

Seine Nahrung besteht aus verschiedensten Samen und Beeren.

Das Nest befindet sich in Baumhöhlen. Das Gelege besteht aus zwei bis drei weißen Eiern.

Die Trauertaube

Die Trauertaube (*Streptopelia decipiens*, engl. Mourning Dove) gehört in der Familie der Tauben (*Columbidae*) zur Gattung der Turteltauben (*Streptopelia*).

Kennzeichen: Länge etwa 30 cm. Das Federkleid ist grau, die Brust rötlich. Die Iris ist gelb und die Umgebung der Augen rot gefärbt. Der Schnabel ist braun, die Beine sind rot.

Das Nest wird in niedrigen Bäumen gebaut. Das Gelege besteht aus zwei weißen Eiern.

Links: Der Graufischer ist der häufigste der im Delta lebenden Eisvogelarten.

Unten: Die einzige Papageienart im Delta ist der kleine „Meyer's Papagei".

Der Kupferschwanzkuckuck

Der Kupferschwanzkuckuck (*Centropus cupreicaudus*, engl. Coppery-tailed Coucal) gehört in der Familie der Kuckucke (*Cuculidae*) zur Unterfamilie der Sporenkuckucke.

Kennzeichen: Länge 48 cm. Er besitzt rotbraune Flügel, der Hals und der Bauch sind gelblichweiß. Die Schwanzfedern sind schwarz gefärbt mit einem kupfervioletten Glanz, ebenso der Scheitel. Die Augen sind rot, der Schnabel und die Beine schwarz.

Der Lebensraum des Kupferschwanzkuckucks ist der Sumpf und selten angrenzendes Buschland. Manchmal sieht man ihn auf der Spitze von Schilfstängeln sitzen, wo er sich sonnt und nach Beute späht. Er ernährt sich von allen Kleintieren, die er überwältigen kann.

Das Nest aus Zweigen und Grashalmen wird auf den niedrigeren Zweigen eines Baums gebaut. Das Gelege besteht aus drei weißen Eiern.

Der Graue Turako

Der Graue Turako (*Corythaixoides concolor*, engl. Grey Loerie) gehört zur Familie der Turakos (*Musophagidae*).

Kennzeichen: Länge 48 cm. Das Gefieder ist grau. Er besitzt einen großen Schopf am Hinterhaupt und einen langen Schwanz. Männchen und Weibchen sind gleich gefärbt.

Der Graue Turako bewohnt die Savanne, aber immer in Gewässernähe. Während der Brutzeit hält er sich in Paaren auf, sonst in kleinen Gruppen.

Der auffällige Ruf ist: "Go away". Der graue Turako verfolgt mit diesem Ruf auch Personen und ist deshalb bei Jägern unbeliebt.

Er äst hauptsächlich Beeren und Knospen. Das Nest, aus Zweigen gefertigt, wird in Akazien angelegt.

Das Gelege besteht aus zwei bis drei weißen, bläulich getönten Eiern. Die Jungen werden im Alter von sechs Wochen flügge.

Der Maskenweber

Der Maskenweber (*Ploceus velatus*, engl. Masked Weaver) gehört zur Familie der Webervögel (*Ploceidae*).

Kennzeichen: Länge 15 cm. Der Rücken und die Flügel sind olivbraun und gelb gesprenkelt. Der Scheitel, Nacken und Bauch sind gelb. Er besitzt eine schwarze Gesichtsmaske, die Augen sind braun, jedoch zur Brutzeit bei Männchen und Weibchen rot. Der Schnabel ist schwarz. Die Beine sind rötlich gefärbt. Bevorzugter Lebensraum des Maskenwebers sind die Akazienwälder der Savanne und die Galeriewälder entlang der Flüsse.

Links: Der Kupferschwanzkuckuck brütet im Gegensatz zum europäischen Kuckuck sein Gelege selbst aus.

Unten: Der Graue Turako lebt in der Savanne, aber nie weit von Gewässern entfernt.

Der Maskenweber ist ein Koloniebrüter. Das Männchen baut zwei verschiedenartige Nester an Baumzweigen oder zwischen Schilfstängeln. Eines der Nester ist auf der Unterseite durchsichtig ohne röhrenartigen Eingang und nicht ausgekleidet. Es dient zur Ruhe. Der zweite Typ wird sorgfältig aus Grashalmen und Schilfstreifen gewoben und hat eine etwa 5 cm lange Eingangsröhre. Dieses Nest wird vom Weibchen mit Blättern oder drei Weibchen.

Die zwei bis drei Eier je Gelege sind außergewöhnlich mannigfaltig gefärbt: weiß bis rötlich, hellblau bis dunkelgrünblau, meist, aber nicht immer, grau und braun gepunktet. Nur das Weibchen brütet und füttert die Jungen.

Die Nahrung des Maskenwebers besteht aus Samen, den weichen Teilen von Blüten, Früchten und Insekten.

Der Glanzstar

Der Glanzstar (*Lamprocolius chaly-baeus*, engl. Blue-eared Glossy Starling) gehört zur Familie der Stare (*Sturnidae*).

Kennzeichen: Länge etwa 23 cm. Das Gefieder ist blaugrün mit prächtigem metallischem Glanz. Die Augen sind hellgelb. Er besitzt einen schwarzen Fleck hinter den Augen. Der Schnabel und die Beine sind schwarz. Beide Geschlechter sind gleich gefärbt.

Der Glanzstar bewohnt die Akazienwälder der Savanne, sucht häufig die Lodges und Camps auf. Während der Brutzeit hält er sich paarweise, ansonsten in kleinen Gruppen auf.

Er ernährt sich von Früchten und Insekten.

Das Nest, in Baumhöhlen und dergleichen, wird mit Gras ausgepolstert. Die drei bis vier hellblauen, spärlich dunkel gefleckten Eier werden vom Weibchen bebrütet.

Der Gelbschnabelmadenhacker

Der Gelbschnabelmadenhacker (*Buphagus africanus*, engl. Yellow-billed Oxpecker) gehört zur Familie der Stare (*Sturnidae*).

Kennzeichen: Länge 22 cm. Das Gefieder ist oberseits dunkelbraun und unterseits gelbbraun gefärbt. Die Augen sind rot. Der Schnabel ist gelb mit roter Spitze, die Beine sind braun. Männchen und Weibchen sind gleich gefärbt .

Die Madenhacker fliegen das Großwild an, vom Elefanten und Nashorn bis zum Büffel und Flusspferd. Sie klammern sich am Rücken und den Seiten fest und suchen die Haut nach Zecken und anderen Parasiten ab. Die Wildtiere wehren die Madenhacker nicht ab. Diese warnen

Unten: Der prächtig blaugrün schillernde Glanzstar ist ein häufiger Besucher der Camps und Lodges im Delta.

das Wild auch vor drohenden Gefahren, indem sie mit krächzenden Rufen davonfliegen.

Das Nest wird in Baumhöhlen angelegt. Das Gelege besteht aus zwei bis drei weißen, dicht rötlichbraun gepunkteten Eiern und wird vom Weibchen elf bis zwölf Tage bebrütet. Die Jungen werden nach vier Wochen flügge.

Die Kleine Gestreifte Schwalbe

Die Kleine Gestreifte Schwalbe (*Cecropis abyssinica*, engl. Lesser Striped Swallow) gehört zur Familie der Schwalben (*Hirundinidae*).

Kennzeichen: Länge 16 cm. Sie besitzt ein blauschwarzes Gefieder. Der Kopf ist rotbraun. Die weiße Brust ist gekennzeichnet durch breite, schwarze Längsstreifen. Die Iris ist braun. Der Schnabel und die Beine sind schwarz.

Sie ist paarweise oder in kleinen Gruppen in der Nähe von Gewässern anzutreffen. Die Nahrung – Insekten – erjagt sie während des Fluges.

Das Nest besteht aus Lehm und wird auf der Unterseite von Ästen, auch unter dem Vordach von Gebäuden der Lodges gebaut und mit Federn ausgekleidet. Die zwei bis vier weißen Eier werden zwei Wochen lang vom Weibchen bebrütet. Die Jungen werden nach drei bis vier Wochen flügge. Sie werden von beiden Eltern gefüttert.

Schrifttum

Butchart, D., Wildlife of the Okavango, Struik Publishers Ldt. Cape Town, 2000

Hupe, I., Reisen in Botswana, Hupe-Verlag München, 1999

Köthe F. und D. Schetar, Zimbabwe, Botswana, Stefan Loose Verlag, Berlin, 2000

Iwanowski, M., Botswana, Reisehandbuch, Iwanowski Reisebuchverlag, Dormagen, 2002

Lübbert, Ch., Botswana. Reise, Know-how-Verlag Peter Rump, Bielefeld, 2000

Ross, K., Okavango. Jewel of the Kalahari, Struik Publishers, Cape Town, 2003.

Kontaktadressen

Vorausbuchungen:

Mashatu Game Reserve
P.O.Box 2575
Randburg 2125
Tel.: (011) 7892677
Fax: (011) 8864382/(267) 845321

Tuli Safari Lodge
P.O.Box 32533
Braamfontein.
Tel.: (011) 4822634
Fax: (011) 4822635/(267) 845303

Register der Orts- und Sachbezeichnungen

Register der deutschen Pflanzen- und Tiernamen

Register der englischen Pflanzen- und Tiernamen

Register der lateinischen Pflanzen- und Tiernamen

Corythaixoides concolor 120
Corythornis cristata 118
Crocodilus niloticus 83
Crocuta crocuta 67
Cyperus papyrus 50

Damaliscus lunatus 76
Dendrocygna viduata 104
Dicrocercus hirnundineus 108

Egretta alba 96
Ephippiohynchus senegalensis 94
Equus quagga 65

Francolinus adspersus 114
Francolinus sephaena 113

Galago senegalensis 73
Genetta genetta 71
Giraffa camelopardalis 63
Glareola pratincola 109
Gyps africanus 90

Haliaetus vocifer 88
Helogale parvula 70
Hippopotamus amphibius 61
Hippotragus equinus 74
Hoplopterus armatus 105
Hyperolius sp. 85
Hyphaene petersiana 48

Ibis ibis 93

Kigelia africana 47
Kobus ellipsiprymnus 82
Kobus leche 77

Lamprocolius chalybaeus 122
Leptoptilos crumeniferus 91
Lepus saxatilis 73
Limnocorax flavirostris 105
Lophotis ruficrista 110
Loxodonta africana africana 53
Lycaon pictus 60

Megaceryle maxima 114
Melittophagus pusillus 109
Merops nubicoides 107

Milvus aegyptius 89
Miscanthus junceus 51
Numida meleagris 114
Nycticorax nycticorax 97
Nymphaea lotus 52
Nymphaea nouchali caerulea 52
Nymphoides indica 52

Otocyon megalotis 69

Panthera leo 58
Panthera pardus 60
Papio cynocephalus 72
Paraxerus sp. 73
Phacochoerus africanus 65
Phalacrocorax africanus 98
Phoenix reclinata 48
Phragmites australis 50
Platalea alba 101
Plectropterus gambensis 102
Plegadis falcinellus 102
Ploceus velatus 121
Poicephalus meyeri 119
Pternistis swainsoni 112

Rynchops flavirostris 106

Sagittarius serpentarius 91
Scopus umbretta 102
Stephanibyx coranatus 106
Streptopelia decipiens 119
Struthio camelus australis 86
Syncerus caffer 56

Thelypterus interrupta 52
Terathopius ecaudatus 88
Tockus flavirostris 112
Tockus erythrorhynchus 112
Tragelaphus spekei 82
Tragelaphus strepsiceros 75
Threskiornis aethiopicus 101
Typha capensis 51

Upupa africana 114

Varanus niloticus 84